我的人生信念

马云给年轻人的12堂人生励志课

王建 编著

CONTENTS

目　录

CHAPTER 3 第三堂 / 机会的把握：看见 10 只兔子，你到底抓哪一只

CHAPTER 4 第四堂 / 执行的力量：一有想法，就马上行动

CHAPTER 5 第五堂 / 坚持创造奇迹：今天很残酷，明天更残酷，后天很美好

CHAPTER 6 第六堂 / 创业的灵魂：光脚的永远不怕穿鞋的

CHAPTER 7 第七堂 / 成不成功在于战略：一件事有四成把握就去做

CHAPTER 8 第八堂 / 态度决定高度：态度一定比能力更重要

第一堂

我的信念：成功就是永不停歇的战斗

/ 永远不要跟别人比幸运，要跟别人比毅力

/ 勇而敢者死，勇而不敢者胜

/ 创业者书读得不多没关系，就怕不在社会上读书

/ 只有诚信的人才能富起来

/ 成功不在于你做了多少，而是你做了什么

/ 可以怀疑自己，但不要怀疑信念

/ 一个男人的才华往往与容貌成反比

永远不要跟别人比幸运，要跟别人比毅力

永远不要跟别人比幸运，我从来没想过我比别人幸运，我也许比他们更有毅力，在最困难的时候，他们熬不住了，我可以多熬一秒钟、两秒钟。

——马云

很多时候，我们会认为那些在激烈竞争中生存下来的人非常幸运，殊不知，他们之所以能够坚持到最后，并不完完全全依靠运气，而在于他们比任何人都能坚持得更久一些。事实上，如果你想要生存得更久一些，就不应该有侥幸心理，不应该过分重视运气，更不要和别人比运气，因为运气从来都不属于实力的范畴。如果你真的想比别人更加幸运一些，那么不妨咬牙坚持得更久一些。

至今仍然有很多人认为马云的成功是时势造英雄，他的出现是因为互联网的兴起为他创造了商机，所以很多人认为马云赶上了好时代，最终才成就了大业，而这些就是所谓的运气成分。可事实上，大家是否考虑过这样一个问题：为什么这个幸运降临到了马云身上，而

不是你、我或者其他什么人身上呢？很可能不是因为你没有发现商机，不是因为你条件不够好，也并不是因为你没有认真去做，而是因为你没能坚持到底。

从马云身上，你能够发现一种非常宝贵的品质，那就是毅力，或许你从不知道马云从 12 岁开始每天都跑到杭州宾馆外找老外练习口语，一做就是 9 年；你或许从不知道他连续 9 年每周坚持写两篇博客；你也许不知道马云成功的背后，曾经是一次次的失败，但每次他都能够咬牙坚持下来。

比如 1991 年，他和朋友们成立了海博翻译社，结果第一个月的收入是 700 元，而房租就花去了 2000 多元，遭遇了资金短缺危机。这时很多人嘲笑他干了件傻事，可是他没有动摇，反而带头去义乌卖小礼品、卖衣服、卖花，然后用这笔钱来维持翻译社的日常运营。两年之后，马云获得了成功。

其实，在创建阿里巴巴的时候马云同样遭遇过各种各样的危机，包括信任危机、资金危机、市场危机、运营模式问题。而且互联网虽然在那个时候逐渐形成一种风潮，但是想要将相关的业务做好并不容易，加上中国起步较晚，无论是市场还是体制都不健全，这给创业者带来很多问题。有一个细节很能说明问题，在创业之初，曾经有 30 多家公司在做和马云一样的事，它们都是强劲的对手，可是现在它们都倒闭关门了。这并不是因为马云吉人自有天相，而是因为马云是他的众多竞争者当中唯一不放弃梦想的人，是唯一坚持梦想的人，而且至今他还在坚持壮大自己的梦想。

马云曾经说过：“今天很残酷，明天很残酷，后天很美好，但是绝大多数人死在明天晚上，见不到后天的太阳。”在创业之初，在实践之初，理想总是很美好的，而现实又总是很残酷，这种强烈的反差会让很多人失去前进的热情，而马云就是那个熬过了今天、明天并坚持到后天的人，这绝对不是运气上的比拼。

个人的生存和发展正如企业发展一样，没有哪个企业会愿意将赌注压在运气上，因为谁都明白幸运之神不可能永远眷顾你，如果仅仅考虑运气，那么大概世界上 99% 的企业要沦为炮灰。人生有时候就像一场赌博，但不能将人生当作赌博来看待，毕竟运气来得快去得也快，靠运气吃饭的人，不可能获得成功。

年轻人在生活中，也会遇到各种问题。工作不顺心，创业不断遭遇失败，一些人可能会抱怨自己缺乏运气，炒房的人认为自己刚好遇上了经济不景气的时候，炒股的人抱怨金融风暴突袭，办实业的人则感慨竞争对手不断增多。可这些问题你会遇到，别人同样也会遇到，为什么别人最后会比你更成功呢？问题很可能出在你自己身上，因为你缺乏耐心、缺乏毅力，因为你经不起困难的考验，也经不起时间的检验。

人生固然需要运气，但是更需要毅力，纵观历史上的那些成功者，试问谁没有经历过失败，谁没有承受过巨大的压力和痛苦，有可能他们的竞争对手更加聪明、更加强壮、更加富有、更加有威望，但是他们更加懂得坚持，一次不行，就来第二次，第二次不行就来第三次，一直坚持到第一百次、一千次，直到成功为止。

张枫是北京大学的毕业生，毕业后他和老乡贷款回老家投资酒店，当时他们将酒店选在市区人流量较大的河道旁，可当时周围已经开起了三家酒店。张枫根据人流量计算了一下：四家酒店如果同时营业，每家酒店都会亏损；有一家退出，大家就有微小的盈余；如果是两家酒店，收入会大幅增加；只有一家酒店的话，绝对可以挣大钱。

酒店开张后，正如张枫当初所估计的那样，前几个月始终处于亏损状态，但其他酒店也存在亏损情况，而张枫明白商人毕竟是逐利的，如果自己比对手坚持得更久一些，就可以摆脱目前的困境。果然半年之后，一家酒店看到生意毫无起色，主动退出竞争，一个月后第二家酒店看到利润微薄也退出了竞争。

两年之后，由于房地产业开始兴起，第三家酒店的老板见炒房的利润更高，于是坚决出售了酒店，这时候张枫及时出手，接管了这家酒店。这时候，他终于做到一家独大，成为河道旁最大的赢家。

有记者曾经问发明大王爱迪生："美国有千千万万个和您一样的发明家，为什么单单您是那个最成功的？"爱迪生幽默地回答说："嗯，我也正在为此事纳闷呢，我想是因为别人只失败了一天两天，而我失败了大半辈子。"坚持就是胜利，这是年轻人最不应该忘记的一句话，一个人想要获得成功，不仅要有憧憬美好未来的信念，还要有承受失败的打算，能够有所憧憬，有所承受，你才能够坚持下去，才能够尽量比别人坚持得更久一些。

勇而敢者死，勇而不敢者胜

很多人说这个人好勇敢，我觉得勇而敢者死，勇而不敢者胜，我们勇而我不敢。很多时候我说有这个勇气，我敢动，我想，但是最后我不敢，我对规则、对规律、对莫名其妙的力量有尊重，我敬畏。

——马云

老子曾经在《道德经》中说过这样一句话："勇于敢则杀，勇于不敢则活。"勇是一种勇气，是一种冒险精神，是积极向上的一种必备姿态和素质。可是很多时候凭借"勇"并不一定能够达到预期的目标，有时候还要克制自己，要懂得适当示弱，你有这样的勇气去做，但未必就一定要不顾一切地去做，有时候，人应该懂得让自己害怕，要懂得做一个"不敢做"的人。

无论做什么，无论有怎样的理想，我们都应该对生活、对人生怀有一些敬畏之心，不要太过主观太过情绪化，要懂得去尊重规律，尊重市场规律、自然规律和生活规律。更为简单地说，就是要懂得克制自己的行为，你可以有想法，可以比别人更加勇敢，但是有时候应该比别人更加理性，要更加懂得去敬畏生活。

勇气是成功人士的必备要素，一个人想要成功不仅仅需要谋略、需要毅力、需要运气，同时也需要勇气，如果你不敢去做梦、不敢去实施，那么就没有办法从普通人中超脱出来。但是"勇"和"不敢"是两码事，两者之间并不是矛盾对立的，勇更多的是思维上的感性认识，是一种自信，而不敢则是行为举止上的"理性"判断。

很多年轻人常常会说："给我一笔钱，或者给我一个机会，我就敢于投资，我就能够创造出一个属于自己的商业王国。"可事实上成功并不像想象中的那样简单，如果成功仅仅凭借勇气、大胆，那么这个世界的成功人士会翻上好几倍。事实上，80% 的人可能都和你一样，有理想，敢闯敢干，但是最终成功的可能只有 20%。理想没有对错之分，关键是执行的过程中多数人都盲目自信。所以年轻人应该懂得克制自己，不妨学习一下马云，努力从马云的经历中获得一些营养和经验。

回顾阿里巴巴的成长，马云常常会为自己当初的勇气感到自豪，正是因为当时足够勇敢、足够自信，才确保阿里巴巴发展壮大起来。但是与此同时，马云时时记得那些发展道路上的辛酸与坎坷，也明白很多时候并不是团队的努力让他们渡过了灾难，也不是他们自己具备了足够抵抗和规避风险的能力。正如他所说，自己从未料想会如此成功，马云认为那是一种莫名的力量，是一种规律性的东西，一直在支撑和助推着阿里巴巴往前走，这种力量让他心怀敬畏。

马云知道自己抓住了互联网发展的大好时机，十年以前是这样，现在是这样，但是十年、二十年之后呢？谁能够预料到事情会怎样发展，所以在阿里巴巴不断扩展和高速发展的时候，他反而显得更加理智和冷静。他明白市场风云变幻，很多时候勇气不能带来一切，也不能成就一切，合理的、稳健的发展模式也许才是上上之策。

在马云看来，即便阿里巴巴成为同行业中最具实力的企业，而且有着远大的理想和目标，依然要注意休养生息，依然要懂得韬光养晦，要懂得在市场竞争和发展规律面前感到害怕。比如，随着阿里巴巴的不断发展，很多人建议阿里巴巴尽早上市，其实阿里巴巴的任何一个成员，包括马云自己都希望阿里巴巴能够上市，希望它在国际市场有一番作为。但是马云冷静分析了时势，他认为阿里巴巴有勇气和实力上市，但是上市也应该选择正确的时机，需要确保阿里巴巴在中国电子商务市场的领先位置，而这需要两三年的时间来观察，在当时的条件下，马云不敢冒那样的风险。正因为如此，阿里巴巴上市时间一推再推。

勇是指导思想上的一种“进”，不敢则是实施过程中的一种“止”，一个人不能想到什么就义无反顾地去做，而应该考虑这么做的后果，应该对未来的生活保持适当敬畏，这不是一种懦弱和胆怯，而是一种更为合理的发展战略。

股神巴菲特曾经有一句名言：当别人贪婪时我恐惧。其实巴菲特和其他巅峰投资者一样都有勇气在股市里闯荡，毫不客气地说，他比其他人更有立足的资本，也更有勇敢的底气。但是在巴菲特看来，勇气不一定能够帮助自己挣到更多的钱，当别人都贪婪的时候，当别人都勇猛向前的时候，你需要冷静下来，需要尊重某些规律，需要让自己有敬畏和恐惧之心，一旦你无所畏惧，就会被那些规律所绊倒。

不过事实上，很多创业者，尤其是年轻人，总是认为敢想敢干敢闯就一定能够成功，殊不知一腔热血并不一定会带来成功，相反，还可能让自己跌入深渊。其实这个世界并不缺乏有野心、有勇气的人，缺的是能够适时止步的人。每个人都可能有很多疯狂的想法，每个人都可能会无所畏惧地为着理想而奋斗，但勇气也有可能是盲目的，勇气容易让人陷入极端的自信和跃进状态。

有个企业家说过：“如果一个团队中，有10个人都举双手赞成某个行动，那么你就要小心了，因为大家可能进入了狂热的状态。”事实上有些企业已为此做了一些防范措施，针对一项计划的实施，10个人中必须有一个人努力找出不可实施的因素。这就是一种“不敢”，企业如此，人更应该如此。年轻人应该有梦想，而且有梦想就要勇敢地去实现，可是也要记住千万不能让勇气完全操纵自己，在信心满满的时候，内心应该有一个声音时时提醒自己：我不能轻易就这么干。

创业者书读得不多没关系，就怕不在社会上读书

创业者最大的快乐就在于在创业过程中去学习、去提升。很多时候是创业者因为自己搞不清楚而去创业，搞清楚以后就不去创业了，所以创业者书读得不多没关系，就怕不在社会上读书。

——马云

很多人会认为自己没有知识，没有文凭，所以没有办法去创业，没有办法和别人竞争，但事实可能并非如此。很多没有太多文化知识的人，都成为很成功的企业家和商人，有一组数据很能说明问题：65% 以上的浙江富豪都是中小学毕业。很多成功的企业家，他们的文化程度并不比别人高，他们受到的教育也并不比别人多。比尔·盖茨大学没毕业，就开始自主创业，李嘉诚 14 岁就辍学打工，宗庆后初中毕业到农场挖盐……这份名单还可以列得很长。这些人读书并不多，但是有一个共同点，就是很早就进入社会去锻炼，数十年的历练使他们增长了见识，磨砺了意志。

文化知识当然很重要，很多企业家在事业有成后，重返校园进修，提升自己的业务能力、管理能力、思考能力，拓宽自己的眼界。近年来很多明星和企业家进入长江商学院学习，这就证明了知识的重要。但对于那些没有机会接触更多知识，没有机会进入高等学府的人来说，想要创业，社会就是最好的学校，社会中有你想要的一切。

很多人说做人不要输在起跑线上，你的先天条件越好，受教育程度越高，似乎就比别人越容易获得成功，但是起跑线其实并不能真正决定你的终点。一个人只要肯努力、肯学习，在社会生活中一样可以

吸收很多营养，一样可以为自己的成功铺设道路。高尔基曾经写过一本书《我的大学》，那里面所说的大学就是社会，他的所有认知、所有知识、所有经验、所有领悟，其实都来自社会生活。

阿里巴巴在招人的时候，往往不是冲着名牌学府，MBA，也不是冲着留学博士去的，因为马云在阿里巴巴刚有起色的时候曾经遭遇过一件非常尴尬的事情。当时他花费重金请来一个 MBA 担任营销副总裁，结果一次这位副总裁提交了一份下一年度的营销预算，马云看了一眼之后，吓了一跳，这份预算竟然达到了 1000 万美元，而当时阿里巴巴只能拿出 500 万美元。副总裁不以为意，对马云说："我做的计划从来不低于 1000 万美元。"这时候，马云意识到自己在用人方面犯了一些错误。一个人能够成为 MBA 证明了这个人的确很优秀，他可能缺乏现实生活的锻炼，对现实社会也缺乏足够清醒的认识，只会大谈一些脱离实际情况的策略和计划，这显然不能真正带动企业的发展。

马云说过阿里巴巴成就了几千个百万富翁，而这些人之所以成功并不是因为比别人读了更多的书，而是在社会上经历了比别人更多的事情，他们从社会实践活动中得到了锻炼和提升。而那些读书多的人，却未必能够因地制宜，他们的很多想法都是和现实社会相脱节的，那些书本理论实际上也不适用于现实生活，遑论给阿里巴巴带来实际效益了。

马云曾经发表《青年创业当自强》的演说："初中生也很好，初中生关键是在社会创业大学学的东西比别人多，但是学习一定要总结。"马云向来看重一个人的社会阅历，一个人的书读得多或者少并不那样重要，重要的是懂得主动进入社会锻炼自己，去学习更多更切合实际的东西，只有在社会中经历得越多，一个人的想法才会越成熟，经验才会越丰富，眼界也会越加开阔。事实上，直到今天，马云也不认为自己的文凭对事业产生了多少影响，相反，长久以来的社会实践帮助他建立了大局观。

现如今很多学管理学金融的人都想着去创业，一些想要创业的人，也想方设法去学校提升自己的能力，但是多数人都不能成功。每年都有成千上万的人成为MBA，可是却很少有人在创业时获得成功，因为这些人过于专注书本上的知识了，而忽略了社会实践的价值。有个企业家说："学校教育让我成为了大学生，而社会教育让我成为了经济学家。"社会能够教给我们一切东西，包括如何为人，如何处事，如何把握机会，如何规避风险，如何提高承受能力，如何去坚持实现自己的梦想。

每个人都要进入社会，而进入社会就要懂得努力学习和提高，要充分吸收社会中的养料，要记住自己曾经犯过的错误，学习别人的工作经验和生活经验，要懂得一切从实际出发，懂得掌握生存的技巧，社会经历往往能够给你留下一笔最大的财富。

石油大亨洛克菲勒是出了名的严父，小洛克菲勒从布朗大学毕业后想要深造，但是洛克菲勒建议他尽早进入社会去上班，后来他直接让儿子进入了自己的公司，但是却要儿子从底层开始干起。他告诉儿子说："也许有一天你会失去所有的财富，但是千万不要让自己失去在社会中学习的机会。"也许正是因为如此，洛克菲勒家族才能够长时间保持竞争优势。

对于年轻人来说，想要创业，那么无论自己是不是高端教育下的人才，都必须接受社会实践的洗礼，必须在社会中学习更多的生存技能。有些人会说，很多大学生一毕业就开始创业，而且最终获得了成功，但是却不知道，他们很可能在大学期间就已经外出实习或打工，也不知道他们在创业过程中经历了多少困难，学到了多少宝贵经验，才熬到最后。其实无论哪个成功者，都离不开社会的教导，闭门造车是没有办法提高自己的能力的，而在社会中不懂得总结和学习的人照样会一事无成。

只有诚信的人才能富起来

我认为做企业就应该要诚信，做企业就应该要有使命感和价值观，否则我们没必要那么辛苦。我并不觉得我站在道德的高峰，我只是一个平凡的人，我只是一个创业者。你跟创业者、小企业做的时间越长，就越明白创业者不容易，这个不容易必须去变革。

——马云

商人往往取利为先，无论何时都喜欢利字当头，正因为如此，司马迁在《史记》中说："天下熙熙，皆为利来；天下攘攘，皆为利往。"利益占据了我们大半个生活。不过君子爱财取之以道，一个人追求利益并没有什么不妥，但是一定要选择合适的方法来取利，其中，诚信是不可或缺的一种品质。

做事之前要先学会做人，这是中国的一句老话，商人经商也是这样，因为从经济学的角度来说，经商致富，实际上是将多数人手中的资本聚集到少数人手中，而想要达到这种效果必须懂得取信于人，要在人与人之间建立起信任感。孔子说："信则人任焉。"只有注重诚信，别人才会更加信任你，你也才会得到更多的发展机会。

1923 年，福特公司某个车间中的一台电机坏了，所有的工程师都束手无策。一个叫思坦因曼思的工程师查看故障后，用粉笔在电机的一个部位上写了一句话："这里的线多了 16 圈。"众人拆开后，果真如此，机子也很快被修好。

福特公司的总裁亨利·福特知道情况后，准备奖赏这个工程师，可是思坦因曼思是其他工厂的人，来这里只是义务帮忙。福特于是决定高价挖墙脚，尽管思坦因曼思承认福特公司比自己所在的公司要好上几百倍，但是他答应过那家公司的老板不轻易离职，是因为小工厂老板在他最困难时帮助了他。福特为他的忠诚和诚信所感动，于是花钱买下了那个小工厂，同时也顺利得到了思坦因曼思。

现如今很多年轻人中都存在急功近利的现象，总是迫切希望自己尽快成功，能够成为富有的人，因此在创业过程中容易因为过分看重眼前的利益而不顾个人的道德准则。有的年轻人还奉行"无商不奸，无奸不商"，认为只有懂得耍计谋，才能够为自己创造更多的财富。可事实上，世界上没有多少奸商能够真正长久地生存下去，相反的，那些依靠诚信来践行自己理想的人，反而更容易获得成功。

人以信为本，诚信一直就是成功商人看重的品质，而说起诚信致富，近代最为著名的也许就是红顶商人胡雪岩了，而与胡雪岩同为浙江人的马云也是一个非常看重诚信的人。在他看来，整个市场机制应该是让诚信的商人先富起来，而他也是利用诚信来壮大阿里巴巴的队伍，拓展阿里巴巴的市场业务。而在阿里巴巴，最不能犯的错误就是失信于人，这几乎是铁的纪律和规定。

2011 年 3 月，一条爆炸性的新闻迅速占据了各大媒体的头条：阿里巴巴出现交易丑闻，当时阿里巴巴的一百多位员工在明知卖家产品存在问题时，仍然为其认证。这件事惹怒了好脾气的马云，他可以容忍员工工作中出现失误，却不能容忍员工做有损诚信的事情。于是，他向全世界公布了公司的丑闻，然后毫不留情地开除了这些员工。

不仅如此，马云还紧急召开了内部会议，对阿里巴巴网站的卫哲和 COO 李旭辉等人进行了批评。因为马云认为自己在金融危机时期吸收了近 5000 名员工，而这些人缺乏系统培训，很容易犯错。其实，阿里巴巴和淘宝网早就出现了问题卖家，但是一直没能引起高层足够的重视，以至于公司形象受到了很大的影响。

其实，马云知道当时的国际社会对中国产品普遍存在不信任的态度，只要提到“made in China”，大家就会联想到廉价、安全、质量问题，对食品、玩具、药品都存在诸多误解。马云不希望阿里巴巴陷入同样的困境，这是一个商人尤其是中国商人应该具备的危机意识。何况当时的淘宝网上，几乎可以购买到中国任何产品，如果阿里巴巴出现诚信危机，那么它在开拓市场和走向国际的时候，会遇到很大的挫折和挑战。

于是丑闻发生之后，马云果断辞去了卫哲，而这次人事变动更是震惊了全世界。其实平心而论，卫哲对这件事并不负有直接责任，但是监管不严成为最大的失职。他告诉卫哲：“如果你们在 6 个月前这样做，我现在就不会这样做。而如果我现在不这样做，6 个月后，23000 名阿里巴巴员工就该开除我了。”

很多人认为这是马云在作秀，但事实上马云所做的一切都是坚持一种经商原则，都是在坚持阿里巴巴的一种价值观，那就是诚信。马云将这次丑闻看成是阿里巴巴有史以来遭遇到的最大挫折，而他之所以会在这次丑闻中有那么强烈的反应，就是因为这件事已经完全破坏了公司辛辛苦苦建立和维系的价值观体系，已经触及了公司最核心的利益，他不得不做出相应的补救措施。

马云一直认为，一个成功的商人、成功的品牌都必须融入诚信的血液，比如“阿里巴巴”实际上就是“芝麻开门”的意思。马云希望通过诚信来打开世界市场的大门，为此在创业之初，他就无数次告诫员工要坚持自己的价值观，不要被短期的利益所诱惑。马云还在阿里巴巴上开通了“诚信通”，让客户在上面记录阿里巴巴的诚信状况，如今“诚信通”已成为非常火爆的品牌，是阿里巴巴的诚信档案。马云曾经说过自己并不是一个多么出色的商人，但从道德方面来说，他绝对是最真诚的商人之一。

对于多数年轻人来说，你也许成不了第二个马云，但是无论做什么都要坚持诚信待人，要懂得取信于人。你可能一时得利，但是却会失去永久的客户，失去永久的市场，更重要的是，你的所作所为会让其他人感到害怕，最终你经营的业务范围只会越来越小。

成功固然需要谋略，但是一切谋略都要以诚信为基础，失去了诚信，你就失去了成功最重要的资本。对年轻人来说，诚信才是最大的财富，将它抓在手中，你才有可能赢得更多人的尊重和信任，才能为自己的生活打开更多的门。

成功不在于你做了多少，而是你做了什么

世界上很多非常聪明并且受过高等教育的人无法成功，就是因为

他们从小就受到了错误的教育，他们养成了勤劳的“恶习”。都记得爱因斯坦说的那句话吧：天才就是99%的汗水加上1%的灵感。但这句话是不绝对的，他们被这句话误导了一生，勤勤恳恳地奋斗，最终却碌碌无为。

——马云

关于工作，常常要提到一个词“效率”，如何让自己的工作更有效率呢？第一就是把握方向，方向正确了，后面的工作也就有了路线和坐标，办事也就会更加方便一些。第二就是要把握重点，要找到更容易获得成功的方法，只有掐住了那些最关键的点，工作才能事半功倍。

中国有很多古话，比如“擒贼先擒王”“打蛇打七寸”，这些就是一种技巧，是一种更为高效的生存方式，我们做事时也需要借鉴这些技巧。你傻乎乎地坚持干工作，坚持比别人干得更多，这是一件好事，但是成功需要付出努力，同样需要运用技巧，你要懂得观察生活，找出关键点或者薄弱点，做和别人有所不同的事情。

马云其实也是一个非常勤奋的人，但是他从来不迷信勤奋，在他看来成功不仅仅依靠汗水，而要靠头脑。他非常敬佩微软总裁比尔·盖茨，在他看来盖茨是一个很讲究办事效率的人，当别人都在依靠读书来提升自己的社会价值时，盖茨干脆退学，直接从工作入手；当别人都在死记硬背那些DOS命令来操作电脑时，盖茨懒得去浪费时间而编写了界面程序，结果全世界那么多辛苦搞电脑的人最终都成了员工，而盖茨却成为首富。

马云希望自己成为像盖茨那样成功的人，他常常提醒自己，一定要弄清楚自己拥有什么，想要什么，明白自己该放弃什么，该做什么。事实上，马云一直就是这样要求自己的，比如很多人都会说英语，但是大多数人都是死背英语书，或者通过磁带来提高口语能力，而马云却主动和老外交流，这样效果要更好。而在创业之前，他曾经是非常优秀的英语老师，甚至在 1995 年被评为杭州市十大杰出教师。但是马云却从英语中寻找到更多的商机，于是他果断辞职，并成立了海博翻译社。因为那时候翻译社很少，而杭州更是没有，第一个吃螃蟹的人自然也就容易成为第一个成功的人。

而当翻译社越来越红火时，马云发现了互联网潜在的巨大市场价值，于是又改行做起了阿里巴巴。当时互联网上也有一些竞争者，国内有很多同行，国外则有一些电子商务巨头虎视眈眈。当时国外的电子商务主要为 15% 的大型企业和跨国公司服务，国内的同行也有意向这方面发展。马云决定另辟蹊径，将侧重点放在 85% 的中小型企业上，结果马云成为这一行业的领军人物。实际上，马云并不见得比其他竞争对手更加勤奋努力、比其他对手做得更多，关键在于他选择了一个更为有效的发展模式，他尝试了别人从未去做的那些事，所以他比其他人更加成功。

现实生活中，很多年轻人都会出现困惑，比如很多高中生平时学习很努力，考试成绩却不尽如人意。这并不是因为他们比别人笨，而是因为他们没有掌握学习的要点，结果做得比别人多，收获却比别人少。很多职员发现自己做得比别人多，加班时间更长，可是每次加薪升职都轮不到自己。可事实上，别人短时间内所做工作比你花费数倍时间所做的更有效率，别人短时间内也许做到了你一辈子都没有做到的事。

成功就要做那些正确的有效的事情，做得多并不代表你做得好，也并不代表你一定比别人更加成功。事实上，有多少人是通过埋头苦干来收获成功的？勤奋固然重要，但真正获得成功的人，往往是那些能够抓住重点、把握关键的人，是那些在常规思维中想办法寻求突破的人，可以说一个人的工作方法往往比他付出的时间和精力更加重要。

比如世界上最杰出的足球运动员罗纳尔多，堪称一个懒人，他在足球场上并不像其他人那样刻苦训练，也不会在比赛中到处穿插跑动，可是他总是能够创造并把握进球的机会，因为他总是在你最放松的时候突然加速，然后你会发现他已经进球了。这就是效率，因为他在你最意想不到的时候进了球。麦当劳的食物并没有法国大餐那么精美，也没有什么复杂的技巧，可以说它在烹饪方面下的功夫是少之又少，但这并不妨碍它成为全球最受欢迎的餐饮，因为它做到了简单快捷，这就符合了快餐的定义，为上班族带去更多的实惠和便利。这也是一种效率，因为它抓住了广大客户的消费心理。

对于成功，哥伦布曾经有过一个形象的比喻，他认为发现新大陆就像是将鸡蛋立在桌子上一样，很多人都无法成功，而他所做的其实只是将鸡蛋一端的壳敲碎了，然后就获得了成功。很多时候，我们没有突破自己的思维，认为做得更多就理所应当地收获更多回报，可是办事方法不对，最终结果也就不尽如人意。其实，一个人无论做什么，最重要的是坚持用最有效的方法去做，否则即使每日苦想苦干，也是很难出成绩的，因为成功不在于你做了多少，而在于你做了什么，你的方法比别人更好，比别人更具特色和竞争力，你自然也就会更加成功。

可以怀疑自己，但不要怀疑信念

我是经常怀疑自己的，我怀疑自己但不怀疑信念。因为信念和自己有时候是不一样的。我有时候怀疑自己这个事做得对不对，而对我的信念、我的目标从来没有怀疑过。阿里巴巴成立时说要让天下没有难做的生意，这是我们的信念。这个信念没有错，但是我做得对不对，是不是按照这个路数做的？我不断怀疑自己，然后不断地考问自己。

——马云

哥伦布当年寻找新大陆的时候，船员们和他一样信心满满，但是当众人在海面上遭遇风暴和瘟疫的威胁时，很多船员开始厌倦在海上持续数月的漂流生活，并怀疑当初的梦想只是一个空想，于是决定返航。哥伦布也心急如焚，但是他坚信只要地球是圆的，自己就一定可以到达新大陆。于是他冒着船员们发生动乱的危险，恳求船员再多给自己一点儿时间，结果大家最终寻找到了美洲大陆。后来哥伦布回国说：“一个人永远不要失去对梦想的耐心。”

当生活中遇到挫折，当追逐梦想时遇到困难，一个人可以怀疑自己能力不行，怀疑自己是不是做得对，怀疑自己是不是选择了一个错误的方法，但是无论如何都不要轻易怀疑心中的信念，不要轻易去质疑和改变心中的目标，那个目标就是指引自己走向成功的灯塔。

众所周知，马云曾经两次高考失利，这两次失利的确对马云的生活造成了困扰，那时候他也在怀疑自己的学习方法。更重要的是，那时候老师和家长普遍不看好他，父母希望马云尽早出去找份工作养家糊口，安安心心过日子；一个老师甚至和马云打赌，要是他能够考上大学，就将自己的姓氏倒着写。可是无论怎样，他从来都没有放弃上大学的念头，那是他人生的一个重要目标。结果，第三年，马云幸运地考上了杭州师范学院，最终实现了自己的理想。

求学路上困难重重，而在创业过程中，马云也遇到了各种困难，公司一度陷入困境。那时候，马云思考的是自己的方法和方向是不是选对了，思考的是自己的能力是不是达到了那样的程度，但从来没有对自己的理想、对壮大阿里巴巴的信念产生丝毫动摇。自己应该成为怎样的人，阿里巴巴应该成就怎样的业绩，这些已在马云的心中根深蒂固，他不会因为任何事情而去改变它们。

马云最初制作黄页的时候，很多人都不相信他，用他自己的话说那时候就像“骗子”一样到处劝说别人，其间吃了多少苦，受了多少委屈，他自己也记不清了。可是有一点，他从来不会去抱怨什么，更不会对自己失去信心，而是一如既往地坚持下去。后来大家将信将疑地将资料放在他的黄页上，这时候马云的工作才有了起色，而当大家在黄页上收获到切实的利益之后，马云已经着手将黄页推向全国市场。

正是因为坚定信念，马云和他的阿里巴巴一路披荆斩棘，坚持走到了最后。尤其是在 2001 年，那时正是网络泡沫破灭的高峰期，很多做互联网的企业都倒闭了，和阿里巴巴一同成立的很多同行都成为泡沫的牺牲品，但尽管阿里巴巴受到了很大的冲击，却屹立不倒，而这并不是因为阿里巴巴足够强大，而是因为马云对阿里巴巴拥有强大的信念。

经历这次风波之后，马云更加意识到坚持理想的重要性。他将创业和初恋相提并论，认为一个人在创业之初总是怀有美好的梦想，就像初恋时憧憬美好的未来一样，可是一旦遇到问题，很多人就不知道该怎么走下去了，这时候如果坚持初恋，找到初恋的美好感觉，就能够坚持走下去。

而所谓信念就是目标，就是你心里想要得到的那些东西。你应该清楚地了解自己需要什么，了解自己应该成为怎样的人，然后在实际行动中去坚定这种信念。要知道，世界上 90% 的失败者不是输在起跑线上，而是倒在了接近终点线的地方，因为一个人越接近目标，压力就越大，一旦遇到挫折，就容易对自己的目标产生疑惑，认为自己可能无法获得成功了，最终不能坚持下去。

20 世纪 50 年代，英国游泳名将弗洛伦丝·查德威克希望自己可以从卡德林那岛游向加利福尼亚海湾，于是接受了挑战，可是当她快游到终点的时候，海面上的雾遮挡了她的视线，最终焦急的她认定自己无法完成挑战而主动放弃，可是上船后，她发现自己离岸边其实已经很近了。

类似这种情况，在生活中很常见，而且这是年轻人身上的通病，过早地怀疑自己和放弃目标是成功路上最大的阻碍之一。你可能看过一幅漫画，内容是一个掘井人每次都在快接近水源的时候放弃继续挖掘。也许你会嘲笑掘井人缺乏毅力，但我们在生活中何尝不是如此呢，越是接近成功就越是容易怀疑自己，结果每次都只能徒劳而返。

有句诗很生动地形容了漫漫长路上追求理想的艰辛——山重水复疑无路，柳暗花明又一村。很多时候，你觉得自己已经无路可走，但其实只要再咬牙坚持下去，就会柳暗花明，重新寻找到机会。所以对年轻人来说，想要成功，就不要轻易去否定自己最初的梦想，正如马云所说："人永远不要忘记自己第一天的理想，你的梦想是世界上最伟大的事情。"

一个男人的才华往往与容貌成反比

我又不比人家多一个脑袋，还那么瘦，长得又丑，没办法，但是要经常给自己信心：男人的长相和智慧是成反比的。

——马云

中国人常常讲才貌双全，这是一种很高的标准，一个人只有长得漂亮，才华过人，才能够称得上是完美。正因为如此，古代中国人的梦中情人，常常是智慧和容貌并具的，诗人不仅风流多才，而且英俊帅气，淑女要德才兼备，倾国倾城，似乎这才是才子佳人的最佳版本。但是这个世界没有完人，而真正才貌双全的人很少，现实中最常见的还是那些不完美的人，一个人要么才华横溢，相貌平庸，要么就是长相俊美，却没有什么本事。

很多时候，我们都被影视剧和言情小说误导了，当我们下意识地觉得有才华的人必定相貌出众，而资质平平的人也必定其貌不扬时，马云的这句话却打碎了人们的追星梦，于是才子不再风流洒脱，面容清秀。当然，很多人会认为这句话不过是马云的自我解嘲和自我安慰罢了，但事实上，看似无稽之谈的话却往往能够在社会上站稳脚跟。身材矮小的拿破仑，中国历史上最丑的皇帝朱元璋都属于这类人，单单在中国的商界，就不只有小脑门的马云，还有俞敏洪、周鸿祎、唐骏等人。他们的长相都不算出众，但是才华却高于常人，可见他的话并不是没有什么根据就胡乱说出的。

马云曾经说过一件事，当年高考失利后，他和表弟一起去宾馆打工，可是宾馆最后只选中了表弟。马云非常不解，就问老板为什么，老板的回答让人无语，因为老板觉得马云的表弟高大英俊，容易吸引客人，而马云矮小瘦弱，长相偏丑，不适合在宾馆里上班。马云只能嘟哝了一句：长得不好，又不是我的错。

马云的帅表弟至今仍在一家饭店当洗碗工，而马云已经成为全中国最有名也最成功的商人之一，就连《福布斯》也拿马云开涮，将他描述成“深凹的颧骨，扭曲的头发，淘气的露齿笑，5 英尺高，100 磅重的顽童模样”，但是这个评价实际上更像是对马云身上那种与长相形成强烈反差的智慧的褒扬。也正因为如此，马云有关才华和容貌的语录成为当年全中国最流行的话语。

有一次，马云去欧洲，有人看见马云后，很激动地拉住他的手，问马云：“你觉得我长得丑不丑？”这话让马云啼笑皆非，但是相貌平凡的马云已经依靠他的才华征服了全世界。

也许你会认为才华和相貌成反比的说法没有任何科学依据，但是有人还真的做过一项有趣的调查，他们对世界上数千个不同职业的聪明人进行对比，发现在这些最聪明的人中，长相标致的还不到 1%。可见这并不是一种巧合，而更像是一种特定的社会规律。

其实，草率地将才华和容貌进行对比并没有什么特别的意义。不过，从生活中来看，容貌好的人容易受到更多的干扰，因为被人追求而过早地放弃学业，因为过分关注容貌而自负和分心，容易丧失更进一步的动力；而容貌不好的人会想办法从其他方面寻找平衡，办事情更加专注一些，在生活中会更加努力来证明自己，以吸引别人的眼光。比如在中国的唐朝，男人其貌不扬没关系，但是一定要能够写诗，所以长相一般的人会以诗歌来作为突破口，从而为自己增添魅力，这样对爱情和仕途都有帮助。因为诗人总是更容易得到别人的青睐，也活得更加风流潇洒；而长相俊美的人往往不够专注，缺少才华，没有办法写出好的作品。

正因为如此，我们不要奢望高富帅、白富美都才华横溢，也不要认为没有才华的人都是矮矬穷。上帝总是公平的，你的容貌不出众，就必定会从其他方面给予你补偿，你的善良、你的勇气、你的智慧可能会更加突出。而这些会为你带来更大的成功。

当然每个人都希望自己拥有出众的外表。外形条件能够增添个人的魅力，但是却不能决定一个人能否成功。一个人能否走得更远往往是依靠自身的能力和才华，这才是社会所需要的价值。

我们暂且不要去想马云的话是不是具有科学依据，至少马云给了大多数相貌平平的人一点儿希望，一个男人可以在先天条件上输给别人，但是一定要通过才华来展示自己的价值。也许你的脑袋比别人更小，但是却拥有大智慧；也许你的眼睛比别人更小，但是却总能看得更深更远；也许你的听力并不比别人更加突出，但是总可以及时知晓天下事，而这些才是成功最需要的。

马云拿才华和容貌说事与其说是自嘲，倒不如说是一种激励。对于绝大多数年轻人来说，先天条件不好，不用自卑，也不用怨天尤人，只要你足够努力，只要有才华，就可以获得成功，甚至获得比其他人更大的成功。

第二堂

看清世界：人生最重要的是你给自己的定位

/ 想成功，就要清楚自己该干什么

/ 如果你在游戏中感到很痛苦，那说明你的玩法选错了

/ 做一份喜欢的工作就是很好的创业

/ 找到适合自己的事情才最重要

/ 什么事情都想自己干，这个世界上你干不完

/ 距离不可怕，可怕的是你不知道距离

想成功，就要清楚自己该干什么

这个世界不是因为你能做什么，而是你该做什么。

——马云

哈佛大学曾经对即将毕业的哈佛大学生做过一项调查，发现 27% 的毕业生没有任何人生目标；60% 的人目标模糊，不很确定；10% 的人只有短期目标；只有 3% 的毕业生拥有清晰的人生规划。

其实哈佛大学毕业生的困惑是当下年轻人共同的困惑：不清楚自己该做什么。尤其是对初入社会的年轻人来说，未知世界既具有很大的吸引力，也会给他们带来一丝恐惧感。面对工作和生活，他们常常不知该从哪个方面入手。换句话说，他们既不知道自己的特长，也不清楚身上的责任，更不明白自己应该制订什么样的目标。

韩信曾经只是一个混迹街头的小人物，需要靠别人救济来生活。一次韩信在城下钓鱼，有几位老妇人正漂洗丝絮，一个老妇看见韩信饿了，就把自己的饭拿给韩信吃。一连几十天，直到漂洗完。韩信对那个老妇说：“我以后一定会重重地报答您老人家。”老妇却说：“大丈夫不能养活自己，我是可怜你这位公子才给你饭吃，难道是希望你报答吗？”这句话对韩信影响很大，他意识到自己应该像个男子汉一样去建功立业，最终他成为名扬天下的人物。

韩信的成功并不是偶然的，也许你可以说他天赋异禀，注定能够在战场上所向披靡，可是如果没有为自己找到一个奋斗的点，不清楚自己要怎样去奋斗，他也无法成为出色的军事家。其实，很多时候，了解自己该干什么比清楚自己能干什么更加重要，因为你能做并不意味着你能将它做好，也不意味着你愿意坚持将它做好。

另外，我们在择业创业的时候，往往存在一定的盲目性，总是容易被那些火爆行业所诱惑，常常告诫自己：我要挣大钱，我要成为明星，我要成为最出色的企业家。这些东西很容易干扰你对未来生活的判断，动摇你最初的梦想和目标，而且理想并不是你想就能够实现的，每个人都应该根据自己的实际来定位自己，盲目只会让自己陷入困境。

事实上，很多人即便制订了目标，可一接触社会，往往会陷入迷茫状态。比如在经历挫折后，往往会搞不清楚自己是不是有必要坚持下去。有时候外来干扰也会分散他们的注意力，以至于他们渐渐失去目标。比如科学家发现非洲大草原上存在一种很不寻常的现象，羚羊在逃避狮子等食肉动物的追捕时常常会莫名其妙地跑向猎食者，因为羚羊在逃跑过程中很容易被其他事物分散注意力，最终忘记自己为什么而奔跑，科学家将这种现象称为羚羊效应。人往往也会被羚羊效应所困扰，尤其是那些心怀梦想，并向目标奋进的人，很容易在追求过程中丧失兴趣、丧失目标。

球王贝利从小就展示出了自己的足球天赋，那时候他常常和朋友一起去踢野球。不过后来他染上了抽烟的恶习。有一次，他向朋友要烟时被父亲看到，老贝利没有生气，只是很平静地告诉他："你踢球有一点儿天分，也许会成为一名伟大的足球运动员，但是你抽烟喝酒，那么一切就到此为止，因为你再也无法在90分钟内保持高水准去比赛，这事你自己决定吧。"老贝利还打开干瘪的钱包，取出几张纸币给儿子："如果你想抽烟，我可以给你钱，总是问别人要，那太丢人了。"贝利听后羞愧不已，重新将注意力专注于足球上，发誓一定要好好踢球。正因为这样，贝利才成为历史上最出色的足球运动员之一。

所以无论做什么事，都要时刻提醒自己去干该干的事情。确定下的目标应该不断被明确，应该坚持下去，不被任何外在事物所干扰。马云曾经告诫创业者，一定要想清楚两个问题：第一是自己想要干什么，这个要干什么不是你的父母、你的同事强加在你身上的，而是你自己考虑清楚要干什么。第二是要弄清楚自己应该干什么、不应该干什么，而不是自己能干什么，这样才能坚持自己的方向。

其实一路走来，马云一直都清楚地知道自己该干什么，自己在干什么。开始创业时他看到翻译的空缺，于是成立了杭州第一家翻译社。当他发现互联网的魅力时，就想办法成立了阿里巴巴。尽管当时很多人反对，尽管困难重重，但是马云给了自己一个准确的定位，并始终明确这些目标。

马云创业的时候，所有人都对互联网感到好奇，有人更是对马云有关互联网的想法嗤之以鼻，认为他只是在做白日梦罢了，毕竟这些想法太过荒谬和可笑了。那时候没有人认为马云能够靠互联网挣钱，大家也都劝他不要去做。可是马云知道自己该做什么，他认为这样的机会很可能错过就不会再有，于是想办法说服众人，并最终将大家拧成了一股绳。

具有远大的目标，具有坚持不懈的毅力，这就是马云成功的关键。他之所以总是能够走在中国电子商务的前列，就是因为始终都能够明确自己该做什么、不该做什么，就是这指引着他的人生。

新东方的创始人俞敏洪曾经说过："人的一生应该是奋斗的一生，但是有的人的一生很伟大，有的人的一生过得很琐碎。如果我们有一个伟大的理想，有一颗善良的心，我们一定能把很多琐碎的日子堆砌起来，变成一个伟大的生命。但是如果你每天庸庸碌碌，没有理想，停止进步，那你一辈子的日子堆积起来将只能是一堆琐碎。"年轻人在奋斗的时候，一定要明确目标，要明白自己应该去做什么，这样才能够更好地寻找成功的方法，漫无目的或者盲目地去乱闯，风险会很高，而且也难以走得更远。

如果你在游戏中感到很痛苦，那说明你的玩法选错了

如果你在游戏中感到很痛苦，那说明你的玩法选错了。

——马云

有个哲学家说过："人之所以痛苦，在于追求错误的东西。"和自己不爱的人结婚，那么这段婚姻注定是不幸的；选择了自己不擅长的工作，那么自己的事业必定难以有起色。当你发现自己离最初的目标越来越远时，那么一定是自己的路选错了。有因必有果，有果也必有因，当你意识到现有的生活只能给自己带来更多的苦恼和痛苦时，就是时候做出改变了，因为你已经选择了一种错误的生活方式。

很多人说马云幸运，没有经历过很大的挫折，以至于他的成长速

度能够和比尔·盖茨相媲美。可与其说马云足够幸运，倒不如说马云更懂得如何从岔路中走出来，他总是能很快就意识到自己的错误，然后以最快的速度做出改变。

大学毕业后，马云成为一名优秀的英语老师，可是就连马云自己也搞不清楚自己当老师是出于热爱，还是单纯地找一份工作养家糊口。那时候他经常去西湖边的酒店找老外，给人家当导游，练习英语口语。这时他意识到自己的生活并没有想象中那样开心，他渴望做出一些改变。一次，一个澳大利亚游客邀请马云去国外旅游，那次澳大利亚之行开阔了他的视野，同时也让他感到自己应该改变现在的生活方式，马云开始了自主创业。

在创业过程中，马云同样是敏锐的，他从来就不害怕走弯路，而一旦不小心走上弯路，每次他都能够及时调整回来。比如当张朝阳成立爱特信时，马云意识到自己的黄页将遭遇到巨大的挑战，那时候他萌生了北上的想法，他觉得北上可以为自己和自己的团队带来新的商机。可是真正北上之后，他却发现自己根本不能适应那儿的体制和模式，在那里他看上去是有了新的发展机会，但实际上和他想象中的发展模式背道而驰，所以他毅然放弃了刚刚有点起色的事业，开始南下。可以说这次南下彻底改变了马云的生活，也改变了中国电子商务乃至世界电子商务的格局。

都说人生如戏，戏如人生，既然是一场戏，那么每个人都应该找准自己所适合的角色，找到适合自己的戏路。如果你觉得自己的演出生硬别扭，那么不是自己的角色出现了差错，就是演戏方法出了问题。如果不进行调整，即便自己再怎么努力演，这也注定是一出烂戏，因为从一开始这出戏就不在正确的节奏上，角色和方法都和你脱节了。

其实我们每个人都会出错，但并不是每个人都能够及时发现，也并不是所有人都可以及时纠正这些错误。每个人都应该具有自我察觉和自我审视的敏锐性，不要害怕承认自己犯了错，也不要去刻意逃避，既然不适应，就要及时勇敢地做出改变。

心理学上存在一种现象，叫作温水煮青蛙。科学家将青蛙放在一锅温水里，然后慢慢加热，随着水慢慢烧热，青蛙的感知能力被慢慢麻痹，等它发现危险时，为时已晚，青蛙再也跳不出水锅。人也很容易在工作、生活中麻痹自己，当自己感到不适的时候，常常认为这并没有什么大不了的，一再拖延，最终等到觉得情况不对时，事情已经不可挽回了。

人们一般认为成功人士都具有很好的眼光，其实他们的嗅觉往往更加出色，不仅能够嗅出成功的机会，还能够嗅出那些潜在的威胁。当出现不适应的状况时，就会引起他们足够的警觉和重视，这是成功者的一种本能。而且他们敢于做出改变，不会任由自己越陷越深。

成功除了要善于自我审视之外，还要具备自我改变的勇气，一个人工作中出现失误、出现失败，这并没有什么，因为生活本来就不可能是一帆风顺的。但是如果已经发现问题所在，而不去寻求改变，那才是最大的失误。人们常说上帝会给每个人两次机会，一次是发现错误的机会，一次是改正错误的机会。但有多少人会真正去把握这两次机会呢？很多人都是选择按部就班地生活，选择将错就错下去。

其实每个人都有改变自己的权利，既然觉得委屈，觉得不幸福，觉得无路可走，为什么不试着给自己一个新的机会呢。陶渊明错进了官场，于是才有了归去来兮的幡然醒悟；李白在朝廷抑郁不得志，才有了赐金放还后的潇洒不羁，他们都及时发现了生活中的不适，都能够想办法超脱出来，这就是一种变通。但是很多人未必有这样的勇气，明知道爱情没有结果，却依然苦苦追求；明知道工作不适合自己，就是不想做出改变；明知道自己走了弯路，却依旧傻傻地坚持走下去。《周易·系辞下》说："穷则变，变则通，通则久。"懂得及时做出改变的人，才更容易获得成功。

其实面对错误并没有那么可怕，做出改变也没有那么烦琐。也许你害怕改变之后，自己的境况会更加糟糕，这是有可能的，但是改变你就有变好的机会，而坚持守旧注定会让自己的痛苦延续下去。

做一份喜欢的工作就是很好的创业

做一份工作，做一份自己喜欢的工作就是很好的创业。

——马云

什么是创业？提起创业，很多人脑子里会闪过无数个成功人士，比尔·盖茨、乔布斯、马克·扎克伯格、洛克菲勒、福特、任正非，等等。似乎唯有把事业做到极致才称得上是创业成功，似乎只有做出世界上最出色的业绩才算是创业成功，似乎只有创立了伟大的公司，创造了巨额财富才算是创业成功。

其实这只是我们惯性思维下的大梦想，这些大梦想是推动世界向前发展的动力，世界需要这样的梦想，需要这样的野心。可是从现实角度来说，对于绝大多数创业者而言，没有那样的条件去实现那样的大梦想，没有机会去开创自己的大时代，那么你该做些什么呢？——

脚踏实地地工作，而脚踏实地就要求我们用更实际的眼光来看待自己的梦想，定义创业。

其实，每个人都是不一样的，你的优势和别人不同，你可能没有那样的能力去干成一件大事，你的性格也不适合干别人正在干的事，既然这样，为什么一定要去创业、去成为别人那样成功的人呢？创业是什么，创业其实就是干一件自己喜欢干的事，就是将自己喜欢干的事情干好，这就是最好的创业。

马云曾经不止一次地说过，他对自己能够获得今天这样的成就感到吃惊。他自认为不是一个心怀大梦想的人，至少以前不是，而对于自己所取得的成就，他也常常进行反思。但无论如何，他都是一个成功的创业者。很多人向马云取经，尤其是一些有梦想有追求的年轻创业者，他们希望从马云身上学习到更多的经验。马云并没有像其他人一样装成老到世故的样子进行“谆谆教诲”，他总是实事求是，依据每个人的特点，给予他们最中肯的建议，而说得最多的就是建议创业者不能太过盲目。

在《赢在中国》的某期节目中，有位叫李红梅的选手，她主要从事医疗档案管理软件的开发和相关数据业务的服务，她希望自己可以自主创业。很多评委和观众都非常看好李红梅，而面对这位选手，马云对其勇气和信心给予了肯定，但是他认为这个女孩的性格不太适合自主创业，更适合当一个好的员工。很少会有评委在节目中给选手这样泼冷水，但是马云诚恳地说创业是每个人都想去做的事情，可有时候做自己感兴趣的工作其实就是最好的创业，而且成功机会也更大一些。

马云说的全是大实话，这个世界不是你有多少梦想，就能收获多少成功，创业是很艰难的。他曾经说过在上个世纪，有时候一个人、一个企业只要抓住一次或者两三次发展机会，就能够干成一件大事，但是现在已经没有那样的机会了，而且即便有那样的机会，也不太可能有很大的作为了。这就是活生生的现实，就是压在每个人梦想上的石头。所以对创业者而言，最现实也最合理的创业方式就是做自己感兴趣的事情。我们需要从实现人生最小的梦想开始，慢慢做大，这样也许就能实现大的梦想。

为什么说创业就是做自己喜欢做的事情呢？因为喜欢你会愿意投入更多的精力和时间，因为喜欢你就能够承受更多的风险，因为喜欢你才会更有动力和激情，所以你成功的机会也会相应更大一些。相对于那些盲目创业的人来说，做自己喜欢做的事情，往往会具有更多的优势。很多人会忽视兴趣的作用，可是兴趣是成功的基石，那些伟大的业绩往往是从孩提时代小小的兴趣开始的，兴趣是梦想的萌芽。

郎朗小时候就非常喜欢弹琴，他最终成为闻名世界的钢琴家；爱迪生天生就喜欢搞发明，他依靠自己的发明改变了人类发展的进程；巴菲特对股市天生痴迷，于是这个世界上出现了唯一的股神。他们并不是天生比其他人更加聪明，他们最初的理想也未必就比其他人更加远大，他们最初所做的事也并没有高人一等，但是他们都取得了非凡的成就，因为他们一直都在做自己喜欢做的事情，这份热爱激发了他们的潜能，这份热爱就是他们最大的优势。

有人问爱因斯坦："你的成功是否是因为你拥有别人所不具备的天赋？"爱因斯坦摇摇头说："有天赋的人很多，而能否成功关键看你对所从事的事业是否热爱。"你对这份工作有更多的热爱，你才会愿意为之付出更多的努力。所以年轻人在创业的时候，一定要保持理性，当自己条件不那么出众，自己手头的资源不那么充裕，自己能力不那么突出时，不要盲目出击，也不要被那些创业传奇所误导。你就是你，别人能做的你不一定能够做成功，要知道不是每个人都适合创业的。如果真的想要有所收获，不妨做自己最擅长最喜欢的工作。

美国总统杜鲁门的弟弟是个农民，虽然他没有哥哥那样的成就，可是从一个农民的角度来说，他比多数人都要成功，因为他热爱自己的工作，他在农场里创造出的价值要远远高于其他人。股神巴菲特是股市中叱咤风云的人物，可是他的儿子却喜欢当个农场主，小巴菲特依靠自己先后购买了数个农场，成为一个很有名的农场主。尽管他没有父亲那么出众，可是出于对乡村生活的热爱，他依然获得了属于自己的成功。

梦想有大有小，但是对生活、对事业的热爱却没有贵贱和高下之分，爱你所爱的，才能成就你所爱的，成功往往源于自己的每一份热爱。年轻人应该放下对工作的门户之见，更多地听从内心的声音，弄清楚自己究竟喜欢干什么，喜欢就义无反顾地去做，无论这个梦想有多么卑微，只要你实现了，你的成功一样值得所有人敬佩。

找到适合自己的事情才最重要

创业要找最合适的人，不要找最好的人。

——马云

李开复曾经写过一本书《做最好的自己》，那么怎样才能打造一个最好的自己呢？他认为做最好的自己首先就要找到最适合自己去做的事，因为只有选择那些最适合自己的东西，你才能够将其做到极致。其实每个人都拥有选择的机会，但是最好的机会往往只有一次，所以每个人在做出选择的时候，不要总是想着去做那些最能带来成就感、最光鲜的事情，因为那些“好”东西未必适合你，你失败的概率会比成功的概率大得多。最合理的选择就是找一个最适合自己的事情来做，这样你的追求和奋斗才更有保障。

正因为如此，做人不要总是想着做最好的工作，而要做最适合自己的工作。比如在企业中，每个人都想当老板，都希望自己能够当领导，可是如果人人都这么想，人人都看轻自己的本职工作，那么企业将无法运营下去。其实整个社会讲究的是优化配置，就是根据每个人的特长，将其分配到最合适的工作岗位上，这样才能创造出最大的社会效益。在企业中，如果你的技术很出众，那么就可以当一个工程师或者技工；你有管理的天赋和能力，就可以当个主管；你有算账的才能，就适合当会计；你能力平平就适合当个基层员工。

对于一般人来说，如何让领导发现自己的价值，如何吸引别人的注意，如何发挥自己的价值，如何获得更大的成功，关键在于找到适合自己的事情去做，找到适合自己的路子去走。你有什么能力，就要找到适合发挥这种能力的岗位；你有什么价值，就要找到一个能够证明这种价值的舞台。

社会就像是一张大拼图，想要让自己在社会中发挥价值，就要懂得将自己安放在最适合的位置，这样你才能成为整张拼图中不可或缺的一块，也才会证明自己存在的价值。

也许你会认为自己没有能力，没有什么特长，所以注定一事无成，可是事实上没有人是一无是处的，每个人都有自身的价值，只不过并非人人都能够发现这些价值。很多人认为自己怀才不遇，没有实现自身价值，但也许只是你选择了一个错误的表现机会，从而浪费了自己的天赋。每个人都有自己的舞台，只不过有些人选错了舞台，有些人站错了位置，有些人选错了角色，所以他们没有办法将自己的戏演得生动，演得深入人心，也没有办法在舞台上发光发亮。

很多时候，成功并不像想象中那么困难，只要你了解自己擅长什么，然后找到一个最适合自己发展的平台，你的能力、价值就会成倍放大，你成功的机会也会不断增加。阿基米德说过："给我一个支点，我就能够撬动整个地球。"对于我们而言，这个点就是最适合自己的事情，谁能找准那个支点并好好利用，谁就能够成为撬动地球的那个人。

随着阿里巴巴的不断壮大，很多人建议马云转变思维，和国际上的其他电子商务巨头竞争国际市场，马云却认为时机还不成熟，最好还是在中国的商场上生存发展。马云曾经做过一个形象的比喻："eBay 是大海里的鲨鱼，淘宝则是长江里的鳄鱼，鳄鱼在大海里与鲨鱼搏斗，结果可想而知，我们要把鲨鱼引到长江里来。"在这里，马云聪明地选择了一个最适合自己生存的战场，这种选择能够最大化地显示自己的竞争优势。

其实早在阿里巴巴成立之初，很多人就对公司的经营发展模式进行过探讨。当时马云认为，传统的 C2C 模式对阿里巴巴的发展非常不利，因为一些国际电子商务巨头已经将这个模式发展到成熟的水平，阿里巴巴是没有办法赢得更多的市场份额的。于是他根据自身情况，首创了 B2B 模式，也就是企业之间的交易模式，因为阿里巴巴在经营这种模式时有一个最大的优势，那就是广大的客户群体。因为中国的中小企业数量庞大，这就是阿里巴巴能够立足和发展的最可靠的市场资源。正因为找准了最适合自己的赢利模式，阿里巴巴才能够在竞争激烈的电子商务市场开辟一条新路，最终成为世界上最具竞争力的电子商务公司之一。

阿里巴巴的成功就是马云的成功，而马云的成功恰恰是因为他看清了自己最适合去做什么，最适合拥有什么样的员工，这种准确定位的思维值得每个年轻人去学习。年轻人应该明白一点：多数时候，选择正确比能力更加重要，你选择了一个最适合自己的老板，那么成功可能少奋斗二十年；你选择了一个最适合自己的工作，可能会获得更大的成功，这些是你的能力难以创造出的价值。一个人无论有多么优秀，如果不在自己擅长的岗位上，那么也是一个废才，所以如果没有管理的才华，就不要妄想当老板；如果没有足够的魄力和谋略，就不要妄想成为将军。做自己最擅长做的，你才能够从优秀进步到卓越。

什么事情都想自己干，这个世界上你干不完

什么事情都想自己干，这个世界上你干不完。

——马云

生活中我们常常看到有些人工作卖力，事无巨细都自己动手，有人认为这是私欲和占有欲在作祟，有人认为这是抓住权力和表现权力的一种方式，有的人则认为这是责任感的一种极端体现。无论是什么，这都不算是一种成功的方法，一个什么都去做的员工必定不是一个优

秀的员工，一个什么都要去管的领导也必定不是一个成功的管理者。

诸葛亮是中国历史上非常有名的战略家，不过他的一生也犯过几个比较大的错误，其中一项就是事必躬亲。正因为如此，他才过早地耗尽了心力。谁也不能否认他的忠诚。刘备在白帝城托孤后，他默默地承担起自己的使命，可是他担负的东西太多太重了，这不是他所能够承受的，所以他最终死在了出征的路上，满怀遗憾。

无论做什么，都要懂得适可而止，做自己该做的事，管自己该管的事，也就是说在自己职责范围和能力范围内的事情，你可以去做，但一旦事情太多，就要懂得找人来分担。因为每个人的精力和时间都有限，你只能专注于一件或者两件事情上，干多了只会分散你的注意力，这样一来，反而更不容易成功。

自己动手是一种美德，但这个世界上大大小小的事情很烦琐，你一个人无法全部干完。事实上，“自己动手，丰衣足食”的概念已经不太适合这个竞争激烈的时代。想要有所成就，就需要依靠别人的力量，依靠别人的智慧和资源，让别人帮助自己办事，这才是一个创业者应该重点考虑的事情。我们应该时刻保持清醒，要知道仅凭唐僧一个人是永远也到不了西天的，他需要孙悟空、猪八戒和沙僧来帮助自己。如果什么事都想自己来干，那么最终的结局就是什么也干不成。

企业在制订战略规划的时候，应该选择头脑风暴法，尽量听取更多人的意见和建议，这样不仅减少了个人做决策的压力，也降低了风险；公司在开拓市场的时候，应该尽量找到更多的经销商、代理商和客户，这样才能由点做到线，然后将线做成面。这个时代非常看重人力资源，什么是人力资源？人力资源就是你手上有多少人，有多少客户，有多少潜在的帮手，你需要利用他们来完成自己的工作，来创造更大的效益和价值。

效率，可以说是合作的效率，也可以说是工作分配、人员配置和资源整合下的竞争优势。几乎每一个成功的人、每一个成功的企业都会选择这种模式，因为谁都明白，你不可能一个人扳倒一头大象，没有别人的帮助，你可能什么也干不了。所以说现如今的竞争，就是人力资源的竞争，现如今的管理就是对人的管理。

所以一个出色的人、一个出色的公司，总是能够让更多的人参与到自己的发展计划中来。像如今最出色的两家电子产品公司苹果和三星，它们既是对手，同时也是合作伙伴，因为彼此产品的一些零件需要依靠对方来生产。如果它们什么都自己开发，成本会大大增加，效率则会大大降低，产品的质量也得不到保证。

有人曾经问通用公司的总裁杰克·韦尔奇："为什么通用公司会比其他公司更加出色？"他风趣地回答说："因为通用公司中有一个每天都坐在办公室里喝咖啡的总裁。"那人感到非常好奇，韦尔奇笑着解释说："因为我能让全世界几十家企业和几十万人为我的公司干活。"这就是韦尔奇成功最大的保障。

所以对于创业者而言，懂得借助他人之手来为自己创造价值，这才是最有效的生存方式。有效掌握和利用更多的人力资源，能够让你获得更大的成功，马云就是这样一个善于利用人力资源的创业者。

从某种程度上来说，阿里巴巴是马云一手创造出来的，但又不完全是马云一个人创造出来的，阿里巴巴的成长离不开员工。马云自己也深知这一点，所以他总是能够将员工放在最重要的位置。很多人觉得马云作为阿里巴巴实际掌门人，一定掌控着很多的权力，也一定会整天忙东忙西。可事实上，马云常常参加座谈会，也参加一些电视节目，而且到处进行演讲。

之所以这样，就是因为马云从来就没有想过将所有事情都揽在自己身上，他已经将权力和工作任务细化分配到每一个员工身上，然后每个人各司其职，就是这么简单。我们知道，马云创立阿里巴巴之后，他不是网站 CEO，不是掌管财务的人，不是负责招收职员的人，也不是负责开拓市场的人，但是他始终决定着阿里巴巴的走势。他不想做一个独裁的人，不想成为一个权力欲旺盛的人，而要成为那个在幕后掌控大局的人。他要做的只有这些，至于其他工作，他相信别人会做得比自己更加出色。

年轻人一定要懂得如何更有效地为自己的目标去奋斗，无论自己做什么，无论自己处于什么层次，都不要去承担过多的责任，不要将自己当成一个万能的保姆。如果你是一个员工，那么你需要懂得坚守职位，不该自己做的事情，最好不要去做，你做得多未必是一件好事，因为做多之后，你本职工作的质量会受到影响。如果你是一个领导，同样需要懂得适可而止，平时只要抓住一些重点工作来做，做那些真正需要自己去做的事情，至于其他方面，则要懂得适当放权，给员工更多的自主权。这样才能让身边所有人都参与进来，才能依靠大家的力量将一件事情做好。

距离不可怕，可怕的是你不知道距离

我非常敬佩邓小平，改革开放是非常有眼光的。他去欧洲、美国一看是这样的，中国和它们差距这么远，他才知道差距。我们在座每一个企业家都要了解，距离不可怕，可怕的是你不知道距离。

——马云

人与人之间存在差距是一种正常现象，俗话说："人外有人，天外有天。"人与人之间只要进行对比，总是会有高下之分。每个人在面对现实的时候，都要承认自己和他人之间的差别和差距，不必妄自菲薄，也不用掩饰和刻意抹杀自身的不足之处。其实距离并不可怕，比别人差并不是什么丢人的事情，重要的是你能够认清自己的实力，找出身上的不足和局限，然后想办法追赶别人。如果连自己和别人之间的实力和差距都搞不清楚，甚至坐井观天，总是觉得自己高人一等，那才真正可怕。

在海湾战争之前，伊拉克一直认为自己是仅次于美国、俄罗斯、英国的世界第四大强国。但事实上，伊拉克除了拥有石油换来的大量现金外，根本没有什么优势，军事力量和西方国家相比更是不堪一击。因为骄傲自大，伊拉克在海湾战争中吃了大亏，最终俯首认输。一个国家需要拥有大局观，需要认清世界的发展趋势和自己所处的位置，人也是如此。如果不能认清自己所处的位置，不能正确扮演角色，总是认为自己是最优秀的，那么很可能会在竞争中败下阵来。

俗话说知己知彼，百战百胜。知己就是了解自身的实力和局限，知彼就是要了解别人的实力，然后对照自己，看看自身到底缺什么。只有做到知己知彼，才能了解自己和别人的差距，明白自己还需要改善什么才能成功。

曾经有个企业家说："中国的企业家最缺少眼界。"所以想要做好一个企业，想要办好一个公司，开阔眼界很重要。马云就是这样一个积极开阔视野的人，马云始终认为在互联网市场上，阿里巴巴和中国其他一些电子商务公司实际上起步比较晚，和西方发达国家的差距比较大，如何认清这些差距很重要，凭空想象肯定不行。他认为中国的企业家应该多出去走走、出去看看，这样才能真正了解自己欠缺什么，然后弥补自身的不足。

在阿里巴巴公司成立之初，他就曾经数次到国外进行考察，发现国外公司管理制度先进，它们的管理体系和企业文化也更加完善、成熟。而且这些公司资金相对更加充裕，能够无所顾虑地开拓新市场，比如 eBay 会砸下一亿美元投资某个项目，但是阿里巴巴暂时还没有那样的气魄，而且也不具备那样雄厚的实力。

另外，他发现很多国际电子商务巨头都拥有成熟的发展模式和赢利模式，比如 AOL 是典型的跨媒体多平台，亚马逊是 B2C 中做得最成熟的，至于 C2C 则是 eBay 公司一枝独秀，门户网站则是雅虎一马当先。阿里巴巴在和这些巨头竞争的时候，无论选择哪一种模式都没有胜算，甚至连生存的机会都很渺茫。正是由于出国考察，马云才意识到自身力量的弱小，盲目出击很可能会成为别人的垫脚石。那时候，他也感到迷茫，不过正是由于对自身不足的清醒认识，马云很快发现了机遇，那就是开创一种新的模式，这样就可以极大地抵消与国外巨头之间的差距，那就是后来的 B2B 模式。

后来无论阿里巴巴发展到什么程度，马云始终保持理性，他不认为阿里巴巴已经天下无敌了，因为阿里巴巴仍旧处在发展的初期阶段。马云认为一个人应该有自信、有梦想，可以豪气冲天，但是一定要能够认清自己，认清自己和别人之间的差距。他经常用这样一个故事来警示自己：有个年轻人在武当山习武，学有所成后到处和人交手，而且把那些人都打败了。那时候年轻人自认为天下无敌，于是就到北京散打集训中心去挑战别人。一开始教练不让队员和他打，但是年轻人争强好胜非要动手，教练无奈，于是随便派了一个人和年轻人打，结果不到五分钟，年轻人就被打趴下了。教练说："你每天练两个小时，将每天练习半个小时的人打败了，而我的队员每天练习 10 个小时，你怎么可能和他们打，而且我们的队员还没有真打。"

正因为马云不骄不躁，能够看清自己，清醒地面对自身和国际巨头的差距，他才能够带领阿里巴巴冲破重围，稳步成长，不断壮大。年轻人在创业过程中也要对自己有清醒的认识和定位，了解自己的不足，了解自己落后对手多少，了解自己需要改善哪些方面才能够追赶上别人，如果目空一切，自认为比任何人都要好，那么就会吃亏。

这个世界是靠实力说话的，实力是否强大往往决定了一个人的生存和发展机会。你的实力往往决定了你所处的位置，决定了你能否成功。所以你在融入社会的时候，一定要注意观察周围，客观分析自己的实力以及和他人的优劣。切记不能骄傲自大，即使自己能力出众，也不要目空一切，要善于发现自己身上的不足，战胜那些比自己强大的对手。

波音公司发展迅速，有人问波音公司老总到底有什么成功的秘诀，老总简洁明了地回答说："隐藏自己比别人强的东西，发现自己比别人弱的方面。"其实这句话适用于任何一个企业、任何一个人，隐藏实力是一种谦虚低调、迷惑对手的手段，而认清差距则是自我完善、自我激励的方法。年轻人要正视差距，勇于承认自身的局限，否则就容易裹足不前，就会在竞争激烈的环境中原地踏步，直至被对手淘汰。

第三堂

机会的把握：看见 10 只兔子，你到底抓哪一只

/ 大家看不清的机会才是真正的机会

/ 机会面前，“一意孤行”也许是对的

/ 对有的机会要说“NO”

/ 不给梦想机会，你永远没有机会

/ 选择什么时候出手很重要

/ 死扛下去总是会有机会的

大家看不清的机会才是真正的机会

很多人输就输在，对于新事物第一看不见，第二看不起，第三看不懂，第四来不及。等到你想学习认识的时候，别人已经成功了。

——马云

成功学大师德鲁克曾说：“对于那些成功的人，我们只看到了他们取得了我们没有取得的成果，却不去想他们看到了我们未曾看到的东西，想到了我们未曾想到的方法。”成功的关键就在于有好的眼光，你的想法与众不同，你的眼光与众不同，你的方向与众不同，你能够看见别人没有看见的商机，成功自然就会属于你。

股神巴菲特有一句名言：别人贪婪时我恐惧，别人恐惧时我贪婪。为什么巴菲特常常会和别人背道而驰呢？就是因为他看到了别人看不到的机遇。当股市狂热上涨的时候，人们很容易在利益面前迷惑，其实大涨到了顶点就容易大跌，因为庄家会抛售手中的股票，这时你要懂得防备这样的危机。而当股市持续低迷的时候，大家都无心增持股票，可是大跌之后往往又会开始上涨，这时最适合低价购入待到上涨时高价抛出，以此赚取差价，所以这时候你可以贪婪一些。

股市上并没有什么常胜将军，巴菲特也曾失败过，但是总体而言，他是这个行业中最成功的。因为他比别人更善于发现并把握机会，而这些机会永远不会显露在所有人面前。好的东西总是会被伪装起来、隐藏起来，这样它的存在才会有价值。如果每个人都能一眼看到这个东西，那么它就已经失去了应有的价值。如果十个人当中，有五个人觉得某件事值得去做，那么这件事实际上已经没有什么去做的意义了。

好的玉石往往嵌在石头之中，发光的金子则隐藏在沙子当中，那些暴露在外的往往都是糟粕，机会也是如此，只有当别人迷惑的时候，当大家都被迷雾笼罩的时候，机会才会出现。只有当大家都不觉得它是个机会时，它的价值才会凸显，如果你看得比别人更深、更远，就比别人更容易把握机会，也更容易获得成功。

马云说，一个好东西怎么好往往是说不清楚的，说得清楚的往往不是好东西，那么也可以说一个好机会常人是看不清楚的，看得清楚的就不是好机会。马云愿意去尝试那些别人看不见、看不清、看不起的东西，自然他最终也把握住了别人看不清的机会，并成为中国电子商务的领头人。

严格说起来，马云并不是最先接触互联网的中国人，也不是最先接触电子商务的中国人，但是他却是做电子商务做得最成功的中国人，其中一个很大原因就在于他从互联网上发现了商机，而很多人要么没有发现，要么没有预估到互联网的商业价值。正因为如此，马云在创业初期竞争压力很小，虽然当时同类型公司已经慢慢发展到三十家，不过相比于其他产业和行业，互联网的竞争对手算是最少的了。

因为没有人愿意去做，甚至于当马云宣传互联网的好处时，很多人都认为他是一个骗子。

这种误解让马云有喜有忧，忧的是大家对互联网的不信任和排斥，喜的是这证明了互联网在国内还是一个未被开发的处女地，里面潜在的经济、社会、文化价值是巨大的。自己越是尽早进入，就越能够分到一块大蛋糕，如果犹豫不决，放弃这个市场，那么将来互联网真正繁荣起来，自己至多只能分一杯羹了。正因为始终坚守这一信念，马云成为少数几个能看到互联网发展机会并把握住机会的人，最终他当然要比其他人更加成功。

如果一个创业者看见的东西和大家一样，那么就没有必要去创业了，因为你所面临的竞争一定会很大，你成功的概率会很小。华人首富李嘉诚曾经说过："当一个新生事物出现时，只有 5% 的人知道赶紧做，这就是机会，做早就是得先机；当有 50% 的人知道时，你做个消费者就行了；当超过 50% 时，你看都不用去看了。"对此，他解释说，"当别人不明白他在做什么的时候，他明白自己在做什么；当别人不理解他在做什么的时候，他理解自己在做什么。当别人明白了，他富有了；当别人理解了，他成功了。"

绝大多数人都是在超过 50% 的人都知道某个项目后，才想到要去投资，而不能及早发现商机。所以总是跟在别人的后面去做，总是在竞争最激烈的时候才想起去做，总是在没有多少利润空间的时候去做，这时候是很难获得成功的。

我们应该明白一点：当一个建议能够被大多数人想到时，这个建议绝对不是一个好建议；当一个方法能够被多数人想到时，这个方法也不会起到什么大作用，只有当大家都不够重视某个机遇或者趁着大家都没有发现的时候，你成功的机会才最大。所以，年轻人要具有长远的眼光，要懂得透过现象看本质，还要有独立思考的能力，不要总是想着随大溜儿，不要总是参照别人的想法去判断，而应该善于从别人忽略的东西中寻找商机。

机会面前，“一意孤行”也许是对的

领导者是孤独的。

——马云

很多人在看到马云这句话时，常常会觉得难以理解，一个优秀的领导者必定有一个优秀的团队，他凭借自己的团队取得成功，这怎么能说是孤独的？马云所说的孤独实际上是一种思想上的孤独，因为领导者常常会看得更远、想得更多，他们往往特立独行，不被别人所理解。所以很多时候，他们只能孤独地去践行自己的想法，做一个独行侠。

马云 1995 年去美国的时候，第一次接触到互联网，萌生了做电子商务的想法。尽管他当时对互联网几乎一窍不通，但是却本能地意识到互联网巨大的商业潜力。回国之后，马云就召集朋友提出了自己的想法，并向朋友们介绍了互联网。那时大家都听得云里雾里的，马云自己讲得也是稀里糊涂。马云后来开玩笑说：“越是说不清的东西越是好点子。”

不过对于这个新鲜事物，大家都觉得不太靠谱。当时，24 人中有

23 人明确表示反对，只有一人认为可以尝试一下，这样的结果无疑是向他泼了一盆冷水。按道理说大家都在反对，马云应该死心才对，可是马云并不这么看。他认为自己即便走错了也还是可以回头的，但是如果不去走、不去尝试，就永远没有机会走出这第一步。他最终还是选择了一意孤行，在一片反对声中坚持自己的想法，并一直坚持走到了今天。

马云的经历完全可以验证这样一句话——真理往往掌握在少数人手中。当绝大多数人都不赞成某一件事时，这件事往往最有发展潜质，只不过绝大多数人都无法透过现象来看透事物的本质。这时候想要获得成功，就需要一个有眼光有气质的人来打破这种群体思维，而且这个人还应该具备一意孤行的勇气。伟大的人物总是有自己独特的气质，如果他的想法和别人一样，那么他的人生也会是平庸的。

我们常常会批评某个人很独裁，不够民主，但事实上，一个有能力的人有足够的权力去独裁，尤其是机会出现的时候，因为独裁者坚信自己的眼光和能力，他自信能够做得比其他人好，这种自信和个性实际上是成功者必须具备的要素。

如果凡事都遵从大众的意见，那么很可能什么事情也做不成，因为绝大多数人都愿意在稳中求胜，不愿意冒险，也因为绝大多数人都不能看到机遇。一个成功的人，他的身上常常会具有独裁气质。乔布斯常常被认为是一个专制者，但是他手上的“苹果”改变了世界；恺撒大帝也是独裁者，可他是世界上最出色的君主之一；宗庆后追求集权式的管理，他旗下的“娃哈哈”成为最成功的饮料公司之一。相反的，很多时候过度追求民主、公平，容易影响办事效率，而且会失去发展机会。

欧洲国家都喜欢讲民主，这是一件好事，可是因为过于民主，一些国家失去了很多发展机会。比如说瑞士，这是一个很富有美丽的国家，可是这些年瑞士的发展变得相对滞后，尤其是交通方面。其实早在上个世纪，欧洲国家就开始重视改善城市的交通网络，瑞士也是其中之一。瑞士政府希望在首都伯尔尼建一个飞机场，毕竟飞机场是一个大城市不可或缺的部分，更何况是首都，可是最后公投表决，这项提议未被通过。原因很简单，大多数农民都不希望受到噪音的污染，很可惜伯尔尼错过了最好的发展机会，而且至今也没能建造一个飞机场，这是它的发展受到限制的一个重要原因。

当我们认准某个目标时，要有足够的信心去实现它，还要能够打破群体思维。机会出现了，就要抓住它，不要总是人云亦云，被他人的思维所干扰，只要你认为这件事值得去做，就应该不顾一切去做。这个世界永远只有少数人才能够获得非凡的成就，这不仅仅是因为他们具有独到的眼光，更重要的是他们具有非凡的勇气，他们绝对不会被常人的想法所束缚。

徐悲鸿曾经说过："独持己见，一意孤行。"这是一种修为。因为一意孤行的人往往具有坚定的意志，具有明确的目标，拥有超于常人的自信。有人也说："成功的人一半是疯子，另一半是更疯的人。"对于年轻人来说，如果你像个疯子一样，不顾他人的阻挠，坚持做自己想做的事情，你的疯狂恰恰会成为成功的保障。

人们都说这个世界不缺乏好的点子，只是缺乏好的执行者，因为当好想法被提出来的时候，很可能会被人们否决掉，而那个想出好办法的人没有信心和勇气来对抗多数人，更多时候他们会选择妥协和放弃。如果这个世界有 100 种好的创意，最终付诸实践的可能不到 10

个。克莱斯勒总裁艾柯卡说："没有人要你必须成为那个想出好办法的人，但是你必须成为那个好办法的最终决策者和推行者。"所以说，这个世界需要那种一意孤行、敢于和全世界对抗的执行者。对于年轻人来说，机会往往转瞬即逝，想要获得成功，就要抓住机会，哪怕没有人支持你，你也要坚持下去。

对有的机会要说"NO"

看见 10 只兔子，你到底抓哪一只？有些人一会儿抓这个兔子，一会儿抓那个兔子，最后可能一只也抓不住。CEO 的主要任务不是寻找机会而是对有的机会说 NO。机会太多，只能抓一个。我只能抓一只兔子，抓多了，反而可能都丢掉。

——马云

IBM 总裁在谈到自己的成功时曾经说过："成功往往也需要运气，因为机会不可能每天都在你身边围绕，能够抓住机会的人并不多见。正因为如此，我们不能轻易放过任何一次机会。"于是"不放过任何一次机会"就成为很多创业者的座右铭，大家都觉得把握住机会就是成功的保证。

严格说来，IBM 总裁的话并没有错，不过在具体实践过程中，却往往会误导我们。我们很容易陷入惯性思维，认为只有抓住每一个机会，才能获得成功。但事实上抓住每一个机会并不可能，而且机会太多反而容易让人迷失。

法国哲学家布里丹养了一头非常可爱的小毛驴，每天他都按时从附近农民手中购买新鲜草料精心喂养它。负责送草料的农民非常尊敬布里丹，某一次就额外奉送了一堆草料。小毛驴原本只吃一堆草料，每次都能开开心心吃完，可是现在面对两堆草料，它反而不知所措，始终左右徘徊，不知道该吃哪一堆才好。结果一连好几天，它都没有拿定主意，最终被活活饿死。

这就是心理学上著名的布里丹毛驴效应，我们在生活和工作中也常常会犯这样的错误，总觉得机会越多越好，可是机会多了，人的注意力也容易分散，我们会考虑该选择抓住哪一个机会，会想自己应该先抓住哪一个机会，因此犹豫不决，甚至可能脚踏两只船。但是一个人往往没有精力同时做好两件事或者多件事，人的眼睛也不可能同时聚焦在两件事物上，你妄想着一下子抓住好几个机会，妄想着一次性做好几件事情，最终很可能就会失败。其实在机会面前，想要主动抓住机会往往并不难，难的是如何保持理智。每个人都应该记住这样一句话：如果你什么东西也不想错过，那么最终可能什么都会错过；如果你什么也不想失去，那么可能什么都要失去。

成功学大师卡耐基曾经说过："年轻人事业失败的一个根本原因，就是精力太分散。"年轻人很容易被各种各样的机会所吸引，很容易被各种各样的目标打乱原来的计划，盲目地想要抓住各种机会，而这恰恰是浪费了机会。正因为如此，年轻人要懂得放弃，要懂得主动远离其他机会，聪明的人从不轻易错过任何一次机会，但也从不盲目地抓取机会。当你把所有时间和精力都集中在一件事上时，你成功的机会就大大增加了。也可以说，当你努力把握住一个机会时，那么这次机会或许会成为你成功的基石。

马云就是一个能够抵制诱惑、敢于对机会说不的人。从最初创业开始，马云就始终坚定一个目标，那就是将阿里巴巴打造成中国最好的电子商务平台。为了这个目标，马云一直都在努力奋斗。当然，阿里巴巴在一开始的时候经历了很多风波，尤其是由于资金短缺，发展一直很艰难，直到 2002 年底，阿里巴巴才真正壮大起来。不过当时整个互联网都进入到发展的高速期，很多新业务流行起来，比如短信业务和游戏业务，搜狐、网易以及盛大、巨人等公司就依靠这些业务获得了巨额利益，但是马云不为所动。他觉得没必要发展太多业务，只要坚持走自己的路，那么一定会越来越好。

事实证明了马云判断的准确，他坚持自己的发展模式，所以阿里巴巴一路走来始终能够不断发展壮大。其实也有人向马云建议阿里巴巴可以做手机、可以做电器、可以做房地产、可以进行多元化经营，这样阿里巴巴不是更能够壮大实力吗？可是马云根本不为所动，因为他清楚地了解一点，世界上那些最伟大的公司从来就没有什么多元化的发展模式。

马云常常说的一句话就是：“现在社会机会很多，能不能抓住机会，关键在于三点：一是时刻做好储备；二是用敏锐的眼光捕捉机会；三是有平和的心态，不贪多求全。”正是因为马云始终心态平和，能够全心全意投入到一项工作中去，他才能够取得今天的成就。

不得不说马云是一个有远见的人，他总是能够给自己设定一个准确的定位，给阿里巴巴一个准确的定位，而这正是一个优秀的领导者和优秀的公司应该具备的特质。可口可乐公司一百多年来都是经营饮料，它们的目标就是“永远的可口可乐”；苹果公司做的就是手机类的电子产品，所以它能够引领世界。可是中国缺少这种企业，缺少这样明智的领导者。

美国著名的得州仪器公司有一句知名的口号："写出两个以上的目标就等于没有目标。"人生如果目标太多的话，也会失去自己的方向，所以无论是在生活还是工作中，年轻人要懂得收敛自己的欲望，不要盲目求多，有时候宁可错选，也不能多选，要能够坚定地对有些机会说"不"，只有这样，你才能够全身心地投入到自己的工作中去，才能获得成功。

不给梦想机会，你永远没有机会

晚上睡觉之前说明天我将干这个事，第二天早上仍旧走自己原来的路线。如果你不去采取行动，不给自己的梦想一个实现的机会，你就永远没有机会。

——马云

众所周知，马云曾经是一个优秀的教师，还创办过一个成功的翻译社。但是他后来从互联网上发现了商机，于是产生了打造中国专业电子商务平台的想法，而为了实现这个梦想，他顶着巨大的压力放弃了当老师、放弃了自己的翻译社。其实，回顾马云一生的经历，他之所以能够成功，就在于他拥有自己的梦想，并且能够大胆地将梦想付诸实践。他愿意给梦想留下一个实现的机会，因为不去做的话，梦想永远只能成为空想，永远都不可能成为现实。

其实我们在人生中也会遇到和马云一样的事情，每个人都有自己的梦想，可能都有一个非常美好的人生规划，可是绝大多数人都没能实现自己的梦想。并不是说这些人没有能力，也不是说这些人的梦想不切合实际，而是这绝大多数人都没有将梦想真正付诸实际行动，多数人只是想想而已，而缺乏行动力。

英国社会心理学家奥利嘉博士说："在那些没有成功的人当中，有一半人没有结尾，一半人则没有开头。"没有结尾的意思就是说很多人努力奋斗，历经艰险，却没能坚持到最后，这类人是在距离成功很近的地方放弃的。而没有开头则是说有些人压根就没有想过去行动、去实现自己的梦想，他们在还没有站到起点上的时候，就已经放弃了。现实往往如此，每个人都会想，但是不一定愿意去做，他们不愿意冒险去试一试。很多人担心自己会失败，担心自己自不量力、贻笑大方。其实一个人既有做梦的权利，也要有去实现的勇气，输了并不可怕，可怕的是你不敢去尝试，你做了，至少有了成功的机会。

就像马云一样，美国福特汽车的掌门人亨利·福特也是一个有梦想的人，而且一旦有了梦想，他就一定会想尽办法将其实现。福特曾经有一个很疯狂的想法，那就是生产出代号为 V8 的发动机，他要求工程师在引擎中安装 8 个气缸。这在当时的技术条件下，简直就是不可能完成的任务，所以工程师们都劝他放弃这个想法。

不过福特认为任何技术都是可以提高和改进的，现在没有这样的技术水平不代表一定就不能做到。他坚信自己的判断，而且他是一个喜欢立即将梦想付诸实践的实干家。他要求工程师务必要完成这个艰巨的任务。经过几个月的研究，工程没有丝毫进展，工程师们再次委婉地劝告福特，一个人有那样的梦想很好，但是没有必要去做这样不能做到的事。福特没有退让，他再次给工程师下达死命令，如果谁想半途而废，就会被无情地驱赶出团队。相反的，如果能够成功，就会得到巨额奖赏。他不希望自己的梦想成空，他的自尊心也不允许出现这种失败。

这次死命令下达之后，工程师们日夜研究和赶工，终于制造了这个当时世界上最先进的发动机。大家都很高兴，而福特却显得很平静，工程师们很不解，就问他："您那么看重这项技术，现在应该比我们更开心才对。"福特笑着说："对公司来说，这项新技术可以带来丰厚的利润，对你们来说则意味着成功，但是对我来说，只是在实践中达成了自己的这个梦想，仅此而已。"

其实不论最后会不会失败，不论自己的梦想是不是符合实际，都应该勇敢地去尝试一下，这是一种自信的表现，也是探索生活的一种方式。梦想不应该只是美丽的幻影，应该努力将其变成切切实实拿来披在身上的彩衣。每个有梦的人都应该给自己一次机会，都应该主动为自己赢得这样一次机会。有梦想的人应该有一个舞台，而这个舞台就要靠自己去准备。当你懂得为自己搭建一个舞台的时候，至少还有成功的可能，相反的，如果你不愿意给梦想一个实现的机会，那么梦想就始终只是一个梦。

艾森豪威尔将军说："我喜欢那些有想法的年轻人，但是部队里不需要那种只想不做的烂人。"他在军营中明确规定：如果你什么也不准备干，那么就别浪费时间告诉我你想干什么。这个社会不需要空想者，不需要那些只会夸夸其谈的人，社会需要的是脚踏实地的实干家，需要的是坚定的执行者，而对于一个充满竞争的社会而言，往往是"赢在执行"，能做的人永远比只说不做的人更好。

中国有句古话说："徒法不能以自行。"意思就是说好的法令如果不去实施，那么也不过是个空洞的摆设，梦想也是如此。一个梦想即便再高尚再美妙，缺乏实际行动力的话，也不过就是海市蜃楼。所以年轻人不仅要敢想，还要敢干，不要总是将自己的梦想束之高阁，而应该拿出信心和勇气放手一搏，这样哪怕最后失败了也不会后悔。普罗克特说："梦想一旦被付诸行动，就会变得神圣。"可见行动力才是决定梦想能否实现的关键要素，只要你做了，就是一种成功。

选择什么时候出手很重要

人在社会上需要具备两种基本的素质，一种是把握机会，另一种是审时度势，把握机会固然重要，但是审时度势更为重要。

——马云

我们常常说，一个人想要成功，就必须有一个很好的发展机会，所以很多人就认为自己就是因为没能得到好的机会才没有获得成功，但事实上，机会对每个人都是公平开放的。很多时候机会就在你身边转，不过并不是每个人都能够发现它，即便发现了，也并不是每个人都能够把握，关键还在于个人的判断能力和选择能力。

马云说审时度势比把握机会更为重要，把握机会并不难，但是让机会成就梦想很难，因为你要想办法将机会带来的利益最大化，而这就要懂得选择最佳的出手时机。也就是说要懂得审时度势，善于观察外在环境的变化，观察自身能力的变化，只有条件和时机都达到最成熟的状态时，才能一举中的。德川家康说："你要做的就是等待，等待，再等待。”能够等待最佳时机的人，往往就是最先获得成功的人。

马云是一个很有耐心的人，更是一个有着非凡战略眼光的人，在阿里巴巴日益壮大的时候，他和团队成员也在谋划着阿里巴巴的上市，毕竟上市对阿里巴巴的发展会有很强的促进作用，对于阿里巴巴市场的扩大也很有帮助。他不想错过这样的机会，但他同样不会心急火燎地急着上市，在他看来与其盲目上市，还不如不上市。

正因为如此，尽管阿里巴巴一直要上市，但是马云刻意推迟了阿里巴巴的上市时间。尤其是 2008 年，阿里巴巴的上市一度被媒体热炒，但是马云却很冷淡，始终保持缄默，最终阿里巴巴也没能上市。很多人问这到底是为什么，原因就在于时机不到，马云认为阿里巴巴在那段时间上市的话很不值，因为虽然那时候阿里巴巴有 1200 万国内外用户，但是总额并不算高，所以上市价格绝对不会理想。

此外，马云所说的另一番话也值得玩味，他曾说：“电子商务还刚刚起步，中国互联网的钱远未到井喷的时候。阿里巴巴现在赚的还是零花钱。”由此可知，马云在等待一个机会，等待一个中国互联网井喷式发展的时机，只有这样阿里巴巴上市的价值和利益才会最大化。

一个善于发现机会并能够准确把握机会的人往往最容易获得成功，这种人具有很强的节奏感，有耐心，总是能够伺机而动，在最佳的时间出手，就像猎豹一样。猎豹在抓捕猎物的时候，从来都不是见到猎物就奋力扑上去，而是静静地观察，然后选择最佳的攻击时间，它们明白贸然行动或者一直等待下去都会错失猎物。

如何把握机会很重要，你出手早了，很可能会失去准星，出手晚了实际上又错过了机会。就像很多人炒股一样，股市中大家的机会往往是一样多的，别人有机会挣钱，你也有这样的机会。其实炒股的原理很简单，就是想方设法在最低点的时候买进，然后在最高点的时候卖出，以赚取差价。有的人就可以精确地把握这些拐点，有的人却总是盲目投资，在股价高涨的时候跟着买进，在股价下跌的时候又仓促卖出，结果自然会亏损。

很多时候，并不是谁发现了机会，谁就一定能够获得成功，关键还在于能否准确把握机会。没有把握机会的能力，那么即便机会再多，也不会给你带来任何益处。俗话说“来得早不如来得巧”，时机选择往往是成功的关键，无论做什么都要讲究时机，谈恋爱的人表白的时机不对，可能会引起对方的反感；做生意的人时机选择不好，可能会失去挣钱的机会；工作的人时机选择不好，可能就要影响办事效率；踢球的人时机选择出现问题，射门的命中率就会严重下降。

正因为如此，有人说选择出手时机有时候甚至比你选择做什么更加重要，因为选择做什么的人即便做不好这件事，也可能在其他事情上大放异彩，但是如果一个人不懂得把握出手时机，那么无论做什么他都难以做好。简单来说，机会往往有很多，但是把握机会的最佳时间点永远只有那一个，所以半点也马虎不得。

美国脱口秀女王奥普拉曾经说过：“人一生中最容易犯的三个错误，一是没有发现别人多么爱你，二是在错误的时间爱上错误的人，三是犹豫不决以至于错过去爱一个人。”这三句话完全可以用来总结人生，因为它们实际上恰好展示了人们在机会把握上的各种问题，要么是没有发现机会的眼光，要么是选择了错误的时机，要么是犹豫不决以致错过时机。

美国的心灵学导师埃布里认为成功就是一种节奏，你踩到正确的节奏上，自然一帆风顺，你踩到错误的节奏上，那么没有一件事情会让你感到顺心。所以每个人都应该想办法去选择一个好的节奏，都要懂得去把握这个正确的节奏，节奏感对了，你才会和生活产生共鸣。所以年轻人无论做什么，都要懂得去选择最佳的时机，小到日常交往，大到事业上的选择，都需要用心去判断，要懂得在最佳的时间做事。时机对了，把握机会也就十拿九稳。

死扛下去总是会有机会的

死扛下去总是会有机会的。

——马云

为人处世有时候就需要马云所说的这股子蛮劲，要懂得和生活死扛。机会有时候也是人磨出来的，只要你不轻易放弃，只要你懂得坚持，那么就会找到生活的出口。“二战”中蒙哥马利将军在和德军交战时，认为盟军根本不占任何优势，于是就下令部队和对手死磕，结果成为最后的赢家。百事可乐在发展初期处处受到可口可乐的压制和排挤，在没有办法的情况下，只能死扛着寻找新的发展机会，最终熬出了头，成为世界上第二大饮料公司。当你在竞争中毫无优势可言的时候，只能赤膊上阵和别人死扛着拼体力，只能坚守着不放弃，这样还有一丝获胜的可能。

只不过，当我们在生活中遭遇瓶颈的时候，当我们一直止步不前、难以看到目标的时候，身边常常会听到各种各样的劝告，“不要一条道走到黑”“不要在一棵树上吊死，要懂得及时回头”“不要在一件成功机会很渺茫的事情上浪费太多时间”，等等。我们常常会在各种压力下选择放弃，有时候你可以说这是一种知难而退的明智选择，但是如果你能够坚守着不放弃，最终结果又会如何呢？很难说这些选择对还是错，但是对于一些走投无路没有办法的人来说，有时候坚守下去不失为一种更为合理的选择，至少坚守还能够为自己争取到一些发展的机会。

马云在谈到自己的成功时，说得最多的不是他的眼光如何独到，不是他的战略思想如何出众，也不是说他个人的判断多么准确，而是讲他的坚持。他认为自己之所以能够成功，坚持是一个最重要的因素，坚持下去，他才等到了最好的发展机会。

阿里巴巴创业初期，很多人都笑话他，毕竟 50 万元资金对于一个电子商务公司来说，实在太寒碜了，相比其他网络公司，简直就是不值一提。但是马云毅然决然地成立了公司，而且也做好了和那些“有钱”“有实力”的大公司死扛下去的打算。那时候为了节约资金，公司里人人都勒紧裤腰带生活，以至于大家出门打车的时候，专门选择价钱比较便宜的车，为的就是省出更多的钱。即便到了这种境地，大家依然保持信心，对未来充满希望。大家都认为只要自己不放弃，只要和对手死扛到底，那么没有人会击垮阿里巴巴。后来大家终于等到了发展机会，有人给他们投资了一大笔钱，一下子解决了阿里巴巴的燃眉之急，使它有了和别人叫板的资本。

2000 年后，互联网一度处于低迷期，很多人认为互联网的发展已经进入了冬天，没有了发展潜力。阿里巴巴也同样遭遇到困境，业绩始终上不去。可是当很多人都在严冬中缩着脖子观望时，马云毫不动摇地站在冰天雪地中傻傻坚守。他并没有看到互联网有任何回暖的迹象，也不知道互联网是否真的会回暖，或者说何时才能回暖，不过他觉得死扛下去总是会有机会的，而且自己困难，那些竞争对手的日子同样不会好过。他不仅要和大环境死扛，还要和自己的对手死扛，如果放弃则意味着什么也得不到。

苦等两年之后，2002 年底，互联网开始恢复生机和活力，阿里巴巴很快就发展壮大起来，而一大批同行却在这场消耗战中败下阵来。事后，就连马云也承认自己是个傻子，是个低着头铆着劲傻等死扛的人。马云曾经说过一句话：“我为什么能够活下来，第一是因为我没有钱，第二是我对 Internet 一点儿不懂，第三是我想得像傻瓜一样。”而一个只会死扛的傻瓜，却总能够创造聪明人也创造不出的奇迹。

死扛说白了就是“磨”，谁磨的时间更长一些，谁更经得起磨，谁就能够坚持到最后，就能够等到最后的机会。比如苏联人和德国人打仗时，苏联人更懂得死扛，结果德国人被拖入泥沼之中，败下阵来。中国人和日本人交战时，中国人更懂得打持久战，最后日本人输了。百事可乐和可口可乐交锋时，曾处处受到压制，可是百事可乐就是硬扛到底，结果硬生生从可口可乐公司手中抢走了半壁江山。很多时候实力并不能决定一切，想要创造一个对自己有利的机会，想要等到好的发展机会，就要懂得去磨，不仅要懂得和时间死扛，也要懂得和对手死扛，你扛的时间越久，生存的机会就越大。

做人有时候应该像蟑螂一样适应环境，据说蟑螂早在三亿年前就出现了，作为弱势群体，它们总是能够在各种严酷的环境中生存下来。所以其他生物种群轮番灭绝，蟑螂却总是能够找到生存机会。人们在激烈的竞争环境和恶劣的生活环境中，也要有这种“打不死、灭不尽”的“小强”精神，要懂得死扛，无论环境怎么恶劣，无论对手如何强大，都要横着心向前顶，顽强地扛到最后。

有个记者采访某个富翁，问他成功的秘诀是什么，富翁哈哈大笑，回答说：“我之所以成为富翁，并不是因为我比别人强，而是因为有幸比别人活得更久一些。”这个故事听起来更像是笑话，但是富翁的话却很朴实有力。任你才华出众，任你能力突出，最终还是要败在时间的脚下，而那些死扛着活到最后的人，最终轻轻松松捡了个现成。

年轻人一定要转变惰性思维，要懂得利用头脑来做事，不过千万不能丢下坚持到底的勇气。当你无法可想时，当你没有任何突出的竞争优势时，不妨采用最简单最老土的方法，努力和对手死扛，努力和生活死扛，只要能够坚持下去，机会就会出现。

第四堂

执行的力量：一有想法，就马上行动

/ 避免“晚上想想千条路，早上起来走原路”

/ 想得越多，越不敢去做

/ 不犹豫，一有想法马上行动

/ 有些事你不做就永远不知道结果

/ 三流的想法，一流的执行

/ 敢做是激发内在潜能的挖掘机

/ 持之以恒的行动力最重要

避免“晚上想想千条路，早上起来走原路”

我看见很多游学的年轻人是晚上想想千条路，早上起来走原路。

——马云

很多人都喜欢幻想，一有空闲就会对生活做一番设想：我想当明星，我想创业，我想成为一个科学家，我想要写作……我们可能每天都活在梦想之中，每天都在为自己以后的生活想路子，可是想过之后，很多人从来不去付诸实施，仍旧走自己的老路子。吕不韦说：“言之易，行之难。”空口去说谁都会，而且往往一个比一个说得漂亮，但是真要行动起来却很难，所以我们往往是梦想的巨人，行动的矮子。

也许很多人会说，我没有钱，我没有足够的人脉关系，我没有一个好的合作伙伴，可事实上这些都只是借口。一个人如果真的有想法，就一定可以克服千难万险，想办法克服自身的短板和不足。唐僧西天取经时，一开始也是什么都没有，他也害怕路途艰险，也担心妖怪横行，担心有命去没命回，可是最终他还是想办法取回了经书。如果一个人一开始就在各种困难面前怯懦了，那么必定什么也干不成，而且你想要等到条件全部满足了再去做的话，估计别人早就抢先一步了。

马云当初创业的时候，最缺的就是钱，但是他一旦有了好的点子，就会立即着手去做，不会被现实问题所束缚。比如创办翻译社的时候，马云每月工资只有 100 元，这点钱根本就是杯水车薪，但是他没有放弃，而是想办法向朋友借钱。第一次创办黄页的时候，他身上只有 6000 元，于是他变卖了翻译社，结果也只能凑到 8 万元，他又向朋友借了 2 万元。用 10 万元创办一个互联网公司，实在很寒酸，而马云硬是用这 10 万元玩转了互联网。

阿里巴巴创立的时候，马云还是没钱，当时他只能凑到 50 万元，这点钱想要办一个电子商务公司简直就是不可能的，可是马云却高声大喊，要将阿里巴巴打造成为世界上最大的电子商务公司。如今，马云已经成为中国电子商务的领头人，在国际上也有了和国际巨头掰手腕的实力。

其实，马云并不是互联网行业中最有能力的，也不是最聪明、最有创意的那一类人，有太多的人比他更聪明，也有太多的人会想出比他更好的创业点子，可是最成功的人却是他。很重要的一个原因就在于，马云不仅仅是一个坚定的造梦者，更是一个坚定的执行者，他总是会在第一时间将想法和实践相结合，而绝大多数人则仅仅停留在做梦阶段。他们的想法比谁都要好，野心也比谁都要大，可是却缺乏行动力，而这种行动力的缺失不应该有任何理由，也不应该找任何理由。

一个伟大的想法不仅需要一个伟大的构思，还应该有一个伟大的执行计划。想法并不是真正决定你能走多远的主要因素，一个人想要达到某种程度，想要成为某种人，并不是仅仅做梦就能实现的。任何事情的成功都建立在行动上，梦想能够给我们指路，但是唯有行动才能真正决定一切。我们常常说一个人的心有多大，人生的舞台就有多大。可是如果不去行动，不去尝试着将梦想变成现实，那么再大的舞台也只能在梦里出现。

只要有了梦想，我们就应该行动，而且应该马上行动。恩格斯说："判断一个人当然不是看他的声明，而是看他的行动，不是看他自称如何如何，而是看他做些什么和实际上是怎样一个人。"可以说，行动决定了我们自身的价值。美国总统肯尼迪则说："最大的危险就是无所行动。"他认为一个人如果没有实际行动，就会在生活中坐以待毙。而法国思想家伏尔泰也说："人生来是为行动的，就像火总是向上腾，石头总是向下落。对人来说，一无行动，就等于他并不存在。"可以说，行动力是衡量一个人能否成功的重要标准，是我们得以存在并展示自我的关键要素。

年轻人有梦想、有想法是难能可贵的，但是不要总是将自己包裹在梦想之中，而应该想办法将梦想拉到现实生活中来，要懂得将梦想和现实完美结合起来。梦想决定了你的方向，而行动决定了你能走多远。"强大的行动力"应该是每个年轻人最需要的品质，哪怕困难再多，阻碍再大，风险再高，也要有将梦想付诸实践的勇气。要知道这个世界上的每一条平坦的道路都不是想象出来的，而是人走出来的，它们原先也许不过是沟壑，是茂密的荆棘丛，是毒蛇猛兽横行的蛮荒地带，如果你害怕面对，那么就永远也无法走出一条路来。

一个人不管他的梦想有多么崇高远大，也不管它是多么卑微渺小，只要有梦，只要我们能够在现实中将梦想进行到底，那么每个人都会从中找到属于自己的成功，找到属于自己的幸福。

想得越多，越不敢去做

我当年学英语，没有想到后来英文帮了我大忙，所以做任何事情只要你喜欢，只要你认为是对的，就可以去做。如果你思考问题功利性很强的话，肯定会遇到麻烦的。

——马云

法国启蒙思想家孟德斯鸠说：“当有一个想法时，我立刻就想要去动手，当有了第二个想法时，我觉得自己还可以考虑考虑，当想到第三个点子时，我觉得自己应该更加谨慎一些，当我想到第 100 条时，我已经没办法去做任何事了。”生活往往也是如此，想法多了，胆子就小了。因为当我们的想法越来越多时，就会产生对比，就需要在各种机会面前做出选择，这样就会对各种机会挑三拣四，到最后所挑出的只会是一些不足和缺陷，这时候你可能什么选择、什么决定也不敢做了。我们都知道，如果给你两块手表，你可能就不知道具体的时间；给你两条船，你可能会脚踏两条船；给你两个不同的建议，你可能就会失去主见；给你两个机会，你可能哪一个也抓不住；给你两个目标，你可能一直都在起跑线上犹豫不决。

一个没有想法的人往往缺乏主见，但是一个想法太多的人，往往缺乏决断能力，因为想法多了，问题也就多了，问题多了，你的决策能力也就下降了。克莱斯勒总裁艾柯卡说："任何一项决策，我只给你五分钟的思考时间。"

做人有时候就像谈恋爱一样，应该把爱情看得简单一些，没有必要把问题想得太复杂。有时候只需考虑自己爱不爱对方，有没有感觉，有了感觉就主动示爱，这样至少证明你尝试了，就可以为自己争取一些机会。如果总是想来想去，担心对方对自己不感兴趣，担心自己条件不好，担心自己没有办法给对方带来幸福，担心自己会遭到拒绝，担心自己被其他人挤下去，那么你就永远不敢去表明心意，自然也就失去了得到爱情的机会。

当自己有了某种迫切的愿望时，就要懂得去实现，而不要总是想来想去、犹豫不决。这个世界没有什么是完美的，也没有任何东西可以考虑周全。你说这个菜不好吃，那个菜不能吃，其他的菜有问题，那么最终什么饭菜也不用去做了。生活往往就是如此，很多时候，困难都是我们自己想象出来的，麻烦也是自找的，你想得越多，只会越烦恼，只会给自己平添很多不确定的因素，到最后只会白白消磨自己的信心和勇气。

有个企业家说："有人说头脑简单不好，可很多时候，头脑简单的人更能办成事，因为他们不会去胡思乱想，总是想好了就去做，这就是效率。"我们不要总是把问题想得太复杂了，做任何事情都要懂得化繁为简，从简单的思路出发，用简单的方式解决问题，越是简单的人，生活得越是轻松。

当然把问题想简单了，并不是要求我们不去分析和考虑，不是让我们盲目去做，而是说看准了主要方向就去做，想好了路子就不要再去多想，哪怕明知山有虎，也要偏向虎山行。其实无论做什么，肯定都会有一些不可预知的因素存在，总会有障碍和困难存在，但是我们不能因为这些障碍而畏畏缩缩，难下决定，那样只会束缚我们的行动，销蚀我们的意志力和决心。

现在很多公司都提倡头脑风暴法，就是让员工们纷纷提出自己的看法和意见，然后对这些意见进行取舍。这原本是一种非常科学的决策方法，可以更加全面地思考问题，使决策更加完善，但是很多时候我们过于看重和迷信思考的作用，总觉得想法越多越好，却不知想法越多反而越会影响办事效率。有人说行，有人说不行，有人说这个问题不好说，有人说可以试一试，也有人说换种方式是不是会更好，也有人表示沉默。当一个主流意见融入到大众思维之中时，就会被淹没，作为领导，你的参考意见如此之多，想法如此之多，最终却可能什么决定也做不了。

管理学大师德鲁克曾经专门提到那些“制造问题的员工”，他认为尊重员工提意见和建议的权利是必要的，但是不要让每个员工都成为问题制造者。因为一百个员工就可能会有几百种想法和方案，而这对领导者来说，绝对是个灾难。

做人要轻装上阵，要勇敢地抛掉一切忧虑、恐惧和烦恼，不要去想自己会不会遇到困难，遇到困难应该怎样；不要去想自己会不会失败，失败了又会怎样；也不要去想自己应该选择什么样的方式，这一种还是那一种。其实想永远也想不出任何结果，想得越多，问题也就越多，对于每一项工作而言，问题最终都要在行动中去面对、去解决，所以你根本不用去多想，只需要安心去执行就行了。

对于阿里巴巴的成功，马云曾经认为自己只是一个什么也不懂的傻瓜，只是头脑发热地做了一件正确的事情而已，这当然是谦虚的措辞，不过从中还是可以看出马云的一些性格特征，那就是“简单去想，踏实去做”。他成立阿里巴巴并不是因为自己有多少实力，有多少钱，有多少技术，而是他看准了这是一块巨大的蛋糕。正因为如此，马云在缺钱缺人的条件下，依然敢去尝试电子商务。

多少年来，有一个细节很值得玩味，那就是马云几乎从来不做什么计划方案。据说他只是在早期给一家台湾投资公司写过一份商业计划书，用于风险评估的，而对于自己的事业，对于阿里巴巴，马云从来没有什么计划。他不会千方百计去做方案，去提出各种设想，去制订什么规划，也不会和员工们聚在一起没完没了地开会，没完没了地讨论。他就是一个纯粹的实干家，没有太多其他的想法。

马云实际上就是用一种最简单直接的方式来经营自己的事业，他不需要太多的花花架子，不需要被那些烦琐的想法束缚自己的行动，他坚持的原则就是想了就去做，不要拖延，也不要轻易放弃。在谈到自己的成功时，马云曾经认为成功的关键在于自己缺钱、没技术、不做计划，其实这从侧面刚好反映出了一点：敢想敢做。

对于年轻人来说，马云这种处事方式很值得借鉴，一个人无论做什么，都要抓住最初的感觉，然后以此为信仰坚持做下去，不要去想太多未知的东西，不要被潜在的困难所干扰。你简单地看待问题，才能把事情做得更为简单，才会有勇气和信心把工作做好。

不犹豫，一有想法马上行动

淘宝创业永远都不会太迟，当你还在犹豫要不要做时，你又比别人晚一步了。

——马云

在南非的塞伦盖蒂大草原上，每年都会上演惊心动魄的大迁徙，数以百万计的角马为了寻找青草和雨水，会北上迁移，而马拉河就是北上的一道天堑，里面有大量鳄鱼在那里守株待兔。但是当角马大队伍到达河边时，明知危险重重，仍然会毫不犹豫地往水里跳，因为它们明白赢得生存机会的最佳方式，如果犹豫不决，反而更容易成为猎食者的盘中餐。

人的世界也许没有动物世界的那种搏命拼杀，但是面对危险不犹豫、不迟疑，立即行动，这些生存的原则却是一样的。很多时候，我们常常会忍不住多想，会考虑自己的环境，考虑自身的实力，考虑是不是存在困难和危险，结果总是犹豫不决，拖拖拉拉，最终也下不了任何决定。但是机会是不等人的，犹豫的人会错失更多的发展机会，当你还在犹豫自己要不要出手时，别人已经抢到了更好的机会，别人已经领先一步了。

人们常说早起的鸟儿有虫吃，而马云说过："如果早起的那只鸟没有吃到虫子，也许就会被其他的鸟吃掉。"有时候你比别人慢了一步，不仅仅是失去一次发展的机会，很可能会因此被别的对手消灭掉。这个世界就是弱肉强食，就是快鱼吃慢鱼，速度往往决定你能否生存下去。

项羽为人霸气十足，但是却优柔寡断，做事犹豫不决，结果错失在鸿门宴除掉刘邦的机会，最终反被刘邦所灭；司马懿在蜀国西城城门前疑神疑鬼，犹豫不决，最终中了诸葛亮的空城计，失去一举歼灭蜀军的良机；而袁绍也是因为优柔寡断，才失去消灭曹操的最好机会，最终在官渡之战中被曹操打败。

很多时候，我们都会犯"好谋无断"的错误，想法一大堆，挑拣出的问题毛病一大堆，想要做到十全十美，最终却不知道如何下决定，而且往往什么决定也下不了。

戴尔行事向来雷厉风行，办事果决，追求速度，在机会面前绝对不迟疑。他曾经说过："如果你是一个合格的司令官，就绝对不该在自己的士兵开赴前线时，心里却一直纠结要不要打仗。当士兵列好阵势，架好枪炮后，你却说'请等一等'，这是领导者最大的失误。"苹果公司已故总裁乔布斯也是一个非常偏执的人，他不喜欢拖拉，不喜欢为某个想法来来回回讨论好几次，他觉得一旦有了想法，快速执行下去，这才是最要紧的。果断行事，这几乎是所有成功人士都必须具备的一种优秀品质。

马云是一个办事追求速度、行事果断的人，他并不期望自己总是能够成为第一个吃螃蟹的人，但是只要闻到了螃蟹的香味，他就会尽快成为那个吃螃蟹的人。所以对于马云来说，他的想法也许并不是最出众的、也不是最合理的，但往往是最具实效性的，他总能够将想法在第一时间付诸实施。

老实说，马云也许不是第一个想要创办翻译社的杭州人，但是却切切实实地做成了杭州第一家翻译社；马云不是中国第一个接触互联网的人，但是却做成了中国第一个黄页。果断行动就是马云的法宝，他总是在和时间抢速度，总是在和时间争抢机会，所以他比任何人都善于把握机会。中国当初不只是一个马云在构想电子商务，但是马云是少数建成了电子商务公司的人之一，而且他成为行业中最出色的人，这就是因为马云从来不会在机会面前犹豫不决。他认定要做的事情，就是十匹马也拉不回来，这种一往直前的韧劲狠劲，这种绝对的果敢决绝为他赢得了更大的成功。

当别人都还在犹豫着要不要往前走时，马云已经迫不及待地往前跑了，这就是差别，造成这种差别的原因就在于中国人骨子里的保守和谨慎。马云曾经说过，中国有世界级的点子和创意，有世界级的富翁，但是却没有世界级的行动者和执行者。中国人总是期待着让别人先去试验，因此浪费了太多的好机会。

马云的话是实话。生活中，有太多这样的人，他们才华横溢，满腔热血，有很大的抱负，可是一旦涉及具体行动，就总是扭扭捏捏，不是担心这，就是害怕那，有事没事都喜欢分析和思考，最终往往只会等来两种结果：第一种是直接放弃，第二种就是等到自己想明白时，机会已经被人抢走了。比如很多人都存在嫉妒心理，认为某个商标最初的设计者是自己，认为某个出色的产品自己其实早就想到了，但是你想到了为什么没有做出来呢？光靠想是不会取得成功的，只有想了就立即去做，你才能比别人抢先一步获得成功。

所以，机会面前千万不要优柔寡断，一个人要有决断力，想了就要去做，应该具备“如果想要去做，那么任何事情都阻拦不了我”的气势，只有这样，你才能够真正比别人做得更好。Facebook 的创始人扎克伯格说：“我很庆幸的是那些比我最先想到好点子的人没有立即去动手。”可见，机会有时候真的是你让给别人的。

马上行动应该成为我们的座右铭，很多年轻人应该都还记得《大话西游》中至尊宝那番动人的表白：“曾经有一份真诚的爱情摆在我面前，我没有珍惜，等到失去的时候才后悔莫及，人世间最痛苦的事莫过于此……”其实，世界上最遗憾的事情并不是你想要做成某件事却失败了，而是你想要做某件事却一直没有去做。人生不应该给自己留下这样的遗憾，不应该为自己制造出这样的遗憾，只要有了想法，有了追求，那么就要立即去行动，不要被其他外来因素干扰，这样你的生活才会真正不留遗憾。

有些事你不做就永远不知道结果

有了理想、有了目标就要当机立断马上行动，只有行动才能证明一切!

——马云

很多时候，我们在做某件事之前，喜欢用一堆理论来分析，但事实上理念并没有多少实际参考价值，最后还是靠结果说话，还是要靠数据说话，这样才能够给你最真实的答案。那么如何才能得到想要的结果呢？那就是亲自去做去实践。通用公司总裁杰克・韦尔奇说："口头上的议论并没有多少实际意义，在衡量某个计划是否可行时，最简单的方法是去做这件事。"

马云就是一个现实世界的行动者，他从来都不掩饰对于新事物的好奇，而且还敢于接触和尝试这些新事物。当初马云打造中国第一个黄页的时候，他对互联网一点儿也不懂，尽管意识到这是一只潜力股，但是他并不知道自己依靠互联网能够得到什么，也不知道自己能够做出什么样的成绩。但是他想要去试一下，因为只有尝试了他才会知道深浅，才会明白自己能够做出什么成果来。

可以说马云本身就是一个摸着石头过河的人，重要的是他主动去摸石头了，所以他能够知道河水有多深，知道自己能不能过去。马云在创立阿里巴巴的时候说过，要让阿里巴巴成为中国乃至世界最大的电子商务公司，要成为世界网站排名前十的公司，这其实只是马云的一个梦想。当时很多人都说他痴人说梦话，他当然也没有十足的把握说自己一定就可以完成这样的目标。这样的豪言壮语实际上显示了马云当时的心态，他也想要看一看阿里巴巴究竟能走多远，想要看看阿里巴巴能够取得什么样的成功。

正因为这种好奇心和自信，马云全身心地投入到工作中去，带领阿里巴巴一步步发展壮大起来。现在他完全有理由相信自己的实力，完全有信心将阿里巴巴推向全世界。马云多次承认自己从来也没有想过会有如今的成就，从没想过阿里巴巴会成就这样的规模和财富，也从来没想过自己会成为现在这样。由此可见，当初的马云也是茫然的，但是马云愿意去尝试，愿意去迎接挑战，他愿意去做。他想要知道自己能够做出什么成就，然后今天，当其他人还在想我是不是能够取得成功的时候，他信心十足地说："原来我是一个成功人士。"

心理学家认为，梦想表现了我们对生活、对世界的好奇心。我们向往着能够像鸟一样飞翔，那是出于对飞行的好奇，所以现在有了飞机之类的飞行器；我们编造了嫦娥奔月的神话，就是想要了解月亮的情况，所以现在才有了人类漫步月球。我们的先人或许从来不知道有朝一日能够实现飞天梦想，可是如果没有人愿意去尝试，愿意去努力实现，那么就永远也不会知道自己能够在太空飞行，永远也不知道月球上究竟有什么。

当我们对生活有所期待的时候，就要懂得去践行自己的想法，只有去做了才能知道最终结果是什么，如果一直都认为自己做不到，就永远也找不到最终的答案。我们常常说实践出真知，一件事情是否可行，会产生怎样的结果，仅仅依靠猜测是不行的，它们需要在实践中去验证，只有自己去做了，才会了解一切。

在中国的哲学命题中，有一个话题令人很感兴趣，那就是“山的另一边是什么”。这是很多人都会问的问题，尤其是小孩。其实这是一个很好的社会命题，因为生活中有太多的人想要冲出大山，想要跑到山后面去看看未知的世界。那么山后面究竟会有什么呢？山后面也许还是山，山后面也许有条河，山后面也许是繁华的大千世界，也许是这个世界的边缘。每一个有梦的人都为山后面的景象做了很多设想，可是想要真正了解山后面的风景，最简单的办法就是上路，就是翻越眼前的山。

生活中有太多的山，也有太多对山后面的遐想，但是往往缺少一个真正的攀登者，一个善于解开疑惑的人。想是永远也无法准确给出答案的，只有行动才会告诉你生活的真相到底会是什么，只有行动了，你才不会有疑惑，也不会有遗憾。法国作家蒙田说：“想要知道路有多长，那么就去走上一遍。”

有些事只有去做了，你才会知道自己是不是能够做到；有些事只有去做了，你才知道适不适合自己去做；有些事只有自己去做了，才会了解真相是什么。对于每个人来说，想要了解自己能不能完成某项工作，最好的办法就是立即去尝试；想要弄清楚对方是不是喜欢自己，就要尝试着主动去接触；想要了解一件事会有什么后果，最好的方法就是在实践中等待结果的出现；想要了解事情背后隐藏着什么，就只能在实践中去挖掘真相。

如果想要了解生活能够为我们带来什么，我们就应该成为生活的实践者，就要懂得自己去摸索和体验，只有这样你才会对生活有更加系统、更加清醒的认识，你才会真正知道自己的极限在哪里，了解生活的魅力到底在何方。年轻人不要总是活在梦和遐想之中，这个世界的所有真理并不在我们的脑海里，而是握在我们手中，只有自己动手去做、去实践、去发现、去检验，才能够了解生活的真相。

很久以前，人们坚信天鹅都是白色的，有些科学家则表示怀疑，其实他们也并不知道天鹅是否还有其他颜色，但是他们还是决定去做考察，结果不多久他们就发现了黑色天鹅的存在，从而震惊了科学界。这个故事很好地证实了一点：实践活动永远都是检验真理的唯一标准。

年轻人要勇于探索，勇于实践，不论遇到什么情况，在下定论之前，都要懂得在实践中去检验。想要了解更多的东西，想要对生活有更深刻的理解，就要主动去探索和发现，只有做过了，经历过了，才会得出真正的答案。

三流的想法，一流的执行

孙正义和我有同一个观点，一个方案是一流的 Idea 加三流的实施；另外一个方案是一流的实施加三流的 Idea，哪个好？我们俩同时选择一流的实施、三流的 Idea。

——马云

在一次酒会上，希尔顿遇上了自己的老同学，于是两个人就热切攀谈起来。希尔顿知道这个同学近况很不好，当然这个人也从来不认真工作，而且想的远远要比做的多，所以希尔顿对他并没有太多的同情。酒过三巡之后，老同学拉着希尔顿的手说："如果我当初也拥有你那样的想法，也许现在我也成了某个大酒店的掌门人。"希尔顿听后微微一笑："也许吧，但我即便拥有你这样的想法，也能取得成功。"

这个社会并不缺少好的想法，而是缺乏好的执行力，其实无论想法是好是坏，执行力才是最重要的。因为任何一项计划、任何一个方案，都需要付诸实践，如果执行得不好，那么再好的想法也不过是空谈。相反的，如果执行能力突出，那么即便一个不出众的点子也会在执行过程中创造最大的价值。

《把信交给加西亚》这本书曾经风靡全球，激励了许许多多的人。书中讲述了一个 1898 年美国和西班牙交战期间发生的故事，当时美国总统希望能够和反抗西班牙政府的斗士加西亚取得联系，于是就派中尉安德鲁・罗文前往。要完成这个任务很艰难，加西亚是谁，谁也不知道，如何把信送过去也是个难题，古巴丛林恶劣的环境是巨大的挑战，还有西班牙军队的追杀和阻拦也会带来很大的风险。不过罗文根本没有多想，他要做的就是执行这个任务。正因为有这种坚定的执行力，罗文最终克服困难，完成了任务。

执行力是所有老板都看重的一种素质，很长一段时间内，这本书成为职场人士必读的一本书，原因就在于大家都看重里面的"执行文化"。所有的领导者都希望自己拥有罗文这样的好员工：永远不问为什么，永远不去质疑领导的决策，永远不为失败找借口，只懂得服从命令。

西点军校就强烈要求学员意识到执行的重要性，对于所有学员来说，按照指示去完成任务，那就是最大的工作，至于其他东西则不在考虑之内，而且这些也不是学员应该去考虑的问题。正因为如此，西点军校多少年来一直能够为世界输送大批优秀的军事人才。

执行力体现的是一种行动上的态度，一流的执行力首先体现在坚决地服从命令，一个好的执行者不能质疑上级的命令，不要去问为什么，应该弄清楚你要做的就是执行，仅此而已。其次，好的执行者应该要坚定自己的任务目标，毫不动摇，无论遇到什么困难和挫折，都不要轻易改变自己的方向，更不要放弃自己的目标。第三，良好的执行力还需要有良好的工作态度，要专注、认真，还要注重细节，不仅要做好每一件事，还要尽量做好每一件小事。此外，一流的执行力还体现在立即行动，绝不延误时间。

执行力如何往往决定着事情的好坏，能够坚决地执行下去，那么一个命令、一个计划、一种想法，才能够得到有效的实施，所有一切才能够真正变成现实。可是如今很多公司都在大谈创意，大谈理念，最终却没有很好地实现，所以那些美好的理念到最后也还是理念而已，并没有带来多少实际效益。所以大到国家、公司，小到个人，其实都需要具备良好的执行力，只有拥有好的执行，才能创造好的价值。

马云曾经这样评价蒙牛："蒙牛不是策划出来的，而是用踏踏实实的产品、服务和体系做出来的。"其实马云的阿里巴巴也是这样，阿里巴巴并没有多少先进的理念，它的成长也不是依靠什么好想法来引导的，而是马云和所有员工踏踏实实、一步一个脚印走出来的。马云从来不想做什么计划，他也不要求自己的员工做太多的计划，他更加看重的是执行力，包括自己的执行力、员工的执行力。

当然他并不是认为思想或者计划之类的东西一无是处，而是觉得执行才应该是所有工作的重中之重。他曾经和孙正义谈过这样的话题，和自己的员工也探讨过这些事，他觉得一个优秀的执行者可以将一个很平常的计划做得非常出色，而一个糟糕的执行者，你即便给了他最出色的想法，他也无法把事情做到令人满意。

在马云看来，想法只是一个起引导作用的工具而已，这就像是钓鱼一样，一个技术出色的人，即便使用竹竿也能钓到大鱼，而一个技术粗糙的人，即便有了世界上最好的钓竿，最终也可能一无所获。但是这个世界上有很多人偏偏喜欢拿最好的钓竿，却不知道在实践中认真去钓鱼。

有个哲学家说："如果不能好好走路，即便你看得再远也是徒然的。"无论做什么，年轻人都应该脚踏实地，这个世界并不需要你比别人想得更多、看得更远，不需要你比别人更有创新意识，而只是要你做得比别人好，做得比所有人都认真努力。别人花 2/3 的时间来研究一个出色的想法，你就要花 2/3 的时间去认真做好工作，要懂得做好每一个步骤，关注每一个细节，坚定不移地把工作做好。

敢做是激发内在潜能的挖掘机

做自己想做的事，做自己认为对的事，做别人不敢做的事，做别人做不好的事。李嘉诚可以，我马云也可以，中国 80% 的年轻人，都可以！

——马云

我们常常说狭路相逢勇者胜，所谓勇者就是敢于去做、敢于去竞争、敢于直面风险的人，而这样的人通常会在竞争中获得相对较多的优势，因为这种人更容易兴奋起来，专注度更高，能够充分激发出自身的潜能。就像金庸笔下的乔峰一样，他不是小说中功力最深、武功最好的人，但却是最能打的人，因为他从来不知道畏惧，这种豪迈的气概足以让他战胜比自身更强大的对手。

有人说敢做的人通常会挖掘出自己不为人知的能力。车王舒马赫以前不是一个车手，一次他壮着胆子和别人打赌开车，尽管输掉了比赛，但是舒马赫的血液沸腾起来，他的潜能开始被激发出来。巴顿将军第一次跟随潘兴将军出征墨西哥的时候，还是个愣头青，可是他比任何人都要勇猛，军事才华也渐渐表现出来。第一次世界大战和第二次世界大战中，疯狂的巴顿敢于和任何敌人较劲，他的军事才能也因此达到巅峰状态。

这就是一种自我超越，只有勇敢的人，只有直面困难的人，才能够不断去超越自我，不断去挖掘内在的潜力。那么一个勇敢的人，为什么往往可以激发出更大的潜能？因为他在工作中积极性更高，甚至富有激情，而这样的工作状态能够更好地激发一个人的创造力，提高工作的动力。另外敢做的人根本不会害怕失败，他们的心理承受能力很强，面对挫折的时候能够保持情绪稳定，甚至于有的人喜欢接受各种挑战，困难越大，他的兴奋度越高，能力越强。

当一个人害怕做某件事时，他是没有办法真正做好这件事的，当一个人害怕遇到某个对手时，他也是没有办法去击垮这个对手的。在 NBA 中，马刺队的邓肯绝对算得上是历史上最出色的大前锋之一，但是在他进入联盟的前几年，总是有一个巨大的心理阴影，那就是大鲨鱼奥尼尔，作为历史上最具统治力的中锋，奥尼尔往往令防守者闻风丧胆。

邓肯和奥尼尔同属西区，因此想要获得总冠军，两人之间就必须来一次正面交锋。可是邓肯却很害怕奥尼尔，他没有足够的信心来战胜这个强大的对手，以至于防守对方的时候都是靠得远远的，结果越是害怕就越是防不住对方。

那时候队里的老队长罗宾逊经常找邓肯谈话，告诉他要勇敢去接受挑战，只有这样才能有机会制服这条凶猛的鲨鱼。邓肯听后，决定去尝试，于是每次都很强硬地和奥尼尔在篮下对抗，决不退缩半步，结果很快他就发现自己能够给对方制造一些麻烦。正因为敢于针锋相对，邓肯的能力不断提高，他也成为奥尼尔在内线最大的竞争对手，两个人在职业生涯中交替着获得了好几个总冠军。

生活往往就是如此，你越是逃避，越是不敢去做，你的能力就越是受到限制。事实上，当一个人害怕的时候，他已经不可能将工作做到超出自己能力范围的水平。相反的，如果一个人可以勇敢面对困难，勇敢地去尝试，那么就会带来更多的自信和激励，这往往就可以激发出巨大的能量。这时候很多人会发现自己做到了平时不能够做到的事，完成了平时不能完成的工作，其实这就是无意识中的一种自我超越。

莎士比亚曾经说过：“本来无望的事，大胆尝试，往往能成功。”这就是心灵的力量，美国科学家曾经对这种神秘的力量做过研究，发现一个人的心态、情绪往往会在生理上对人造成很大的影响。很多人在受到刺激的情况下，会做出一些让人感到不可思议的事情。比如当母亲发现孩子被压在车底下时，她会用双手将汽车生生举起来，而这显然是常人难以做到的。一些勇敢的人往往也会突破极限，完成一些让人匪夷所思的事情，这也刚好印证了那句话——所有的奇迹，无一例外都是勇敢者创造的。

马云说过，在互联网上，光脚的永远不怕穿鞋的，因为光脚的人一无所有，敢想敢做，没有什么后顾之忧，能够最大限度发挥自己的能力，而有些人做事畏首畏尾，只会想来想去，处处束缚自己的才能，始终都在原地踏步。这也就解释了为什么那些白手起家的人往往更容易创造奇迹，而那些依靠家族底蕴的人总是一代不如一代。

其实马云在创业之初也算得上是一无所有的人，没有钱，也没有才华，只有一个比谁都大胆的心，因为足够大胆，因为敢于尝试新事物，他的能力被一点点激发出来，生活逼着他一点点强大起来，逼着他一点点成长起来。以至于多年之后，他都不敢相信自己会成为亿万富翁，不相信自己已经取得了这么大的成就，不相信自己如今已成为一个大人物。将十几年前的马云和现在做一下对比，就会发现马云成长了不少，他的能力也增强了不少，这不仅仅是锻炼后的经验积累，还是一种潜能的激发。

中国有句古话："读万卷书，行万里路。"年轻人不仅要学习各种理论知识，更重要的是融入社会，勇敢地去做自己想做的事情，这样才能在各种磨砺中不断成长，才能在各种挑战中不断突破自己。

持之以恒的行动力最重要

中国缺的是有一个想法，并且能够持之以恒地将这个想法不断坚持做下去的人。

——马云

在某次书法大赛中，经过层层淘汰，三个优秀的书法家成为最后的选手，这三人都是书法高手，而且各具特色，难分高下，评委都很犯难，最后评委组决定将奖评给第三位选手。另外两位选手有些不服气，一些现场观众也觉得是不是节目组动了什么手脚，或者是有不为人知的潜规则。

正当大家表示疑惑的时候，一位评委站了起来，问第一个选手："你练习书法多久了？"选手回答说："工作之前，我曾经练了七年。"评委又问第二个选手同样的问题，第二个选手回答说："我断断续续也练了五六年时间。"评委接着问第三个选手，选手回答说："从十岁开始，我一直在练，如今已经有二十五年了。"这时评委说："书法是需要持续不间断地练习和提高的，我们需要那些能够长期坚持的人，这就是我们的评选标准。"

我们常常说一个人做了就足够了，可是做了并不代表就能做好，做了不代表你就是一个出色的人。想要把事情做好，想要让自己成为更加出色更加成功的人，不仅要懂得去做，更要懂得坚持去做。只有长期坚持下去，才能把事情做大做好，才能将工作做到极致。

去做了不代表你就能够得到想要的结果，一个人要想成功不仅要去做，而且要持之以恒地做下去。

做其实很简单，但是长期坚持去做则很难，一个人做一件好事很容易，难的是做一辈子好事。工作也是这样，你认真做一项工作做了一年，但是在第二年就放弃了，那么所有努力到头来可能只是白费了，也没有人会认为你是成功人士。所以说持续性很重要，只有将自己的行动延续下去，才有机会获得最后的成功。行动力应该是持续性的，短暂的行动并不能带来什么好的结果，就像打井人一样，你向下挖了 20 米，依然没有看见水，这时候可能就会放弃。可是水也许就在 21 米深的地方，只有坚持不懈往下挖的人才能够看到水源。

持续的行动力往往决定着我们能否成功，决定着我们的竞争能力有多强。做同样一项工作，你持续的时间越长，竞争力就越强。比如可口可乐公司，一直都在做饮料，它从来没有停止过这项基本业务，也正因为如此，它才能够成为世界饮料的巨无霸。苹果公司一直都在做电子产品，尽管曾一度陷入困境，但是它坚持了下来，到现在它仍旧是世界电子产业的巨头，没有什么企业可以和它相抗衡。持续去做，你才能够做好，才能够做到完美，才能够完成从普通到优秀、从优秀到卓越的飞跃。

马云做互联网做了将近 20 年，做阿里巴巴也做了十几年，经历了风风雨雨，但是从来没有放弃过，也没有半途而废。也许有人会说马云当年是当老师的，后来却辞了职，他还做过翻译社，结果也卖掉了，这说明他是一个善变的人。其实并非如此，马云当年的确当过老师，可是他当老师只是为了养家糊口，可以说是无目的性的一种营生手段。至于他创办翻译社的确是在践行自己的理想，就算在最困难的时期，马云也没有放弃自己的理想，始终在经营翻译社，而且他的翻译社实际上是很成功的，这样就不能叫半途而废了。

在马云看来，自己的成功其实来得很简单，就是数十年如一日地做同样一件事。他坚持得比谁都要长久一些，所取得的成功自然也比谁都大。不仅如此，在阿里巴巴内部，当年和马云一起创业的员工和伙伴如今大部分依然还在，这些人和马云一样一直在坚守，持续地为阿里巴巴工作，如今这些人都成了百万富翁、千万富翁。

其实无论做什么，持之以恒最重要，不管你的能力有多强，你的设想有多伟大，你的构思有多巧妙，如果不去做，不坚持做下去，那么一切都是空谈。当然坚持去做往往是非常困难的，一方面你要有足够强大的意志力，哪怕不断失败，也要坚持做下去，你失败了 100 次，但是也许会在第 101 次获得成功，只要意志足够坚定，能够承受生活的风险，就一定可以守得云开见月明。另一方面人容易自大自满，自己小有成就时就觉得无需再努力了，常常会放松自己甚至是放弃继续奋斗。孔子说：善人我不能见到，能见到持之以恒的人也就可以了。世人多以无为有，以虚为满，内实穷约而外为奢泰，难以做到持之以恒。

年轻人做事通常最大的问题就是激情有余而后劲不足，常常会在中途放弃自己的理想，难以坚持下去，所以最终不容易成功。其实每个人都应该约束自己的行动，对工作要持续不断地倾注激情，只要着手去做了，就要坚持下去，不能三天打鱼两天晒网，不能在困难面前轻易放弃，也不能小有成绩就骄傲自满、止步不前，而应该有不达目的不罢休的精神。

第五堂

坚持创造奇迹：今天很残酷，明天更残酷，后天很美好

/ 短暂的激情是不值钱的，只有持久的激情才是赚钱的

/ 放弃就是最大的失败

/ 小聪明不如傻坚持

/ 像坚守初恋一样坚持理想

/ 痛苦地坚持，快乐地死去

/ 熬过冬天，“剩”者为王

短暂的激情是不值钱的，只有持久的激情才是赚钱的

短暂的激情是不值钱的，只有持久的激情才行。激情不能受伤害的。尤其你的员工下班后很累，再要读三小时的书或者学习，你会把他们消耗掉。学习是无处不在的，不一定非得坐下来，而要去听去看，从客户身上学习。

——马云

每个人都有自己的梦想，当我们为自己的理想拼搏的时候总是信心满满，也总是满怀斗志，期望能够做出一番大事业，不过最后的成功者往往寥寥无几，其中一个很重要的原因就在于我们常常不能长久地将好状态维持下去。事实上，长时间为某一件事付出是很困难的，持续对某一件事保持高度关注也很困难，我们的责任心往往不能永葆青春，我们的激情也难以持续饱满。在时间面前，我们的付出常常会褪色，所以最终也等不到成功的到来。

生活就是这样，今天你想要创业，但是到了明天、后天你就会想放弃，那么自然不会获得成功；今天你想在这家公司上班，明天又想

着跳槽到别的地方，这样就永远也稳定不下来，永远也不可能创造什么成绩。一个人想要获得成功，自始至终都应该热爱自己的本职工作，应该保持工作的激情。比如要守得住生活的寂寞，要在困难面前保持旺盛的斗志，要懂得坚定自己的目标，还要保持对成功的信心。

有个作家曾经写过一本有关“时间迷局”的书，书中作者提到了一个非常现实的问题：你的激情能够抵抗时间多久。今天可以爱一个人，但是并不代表你明天还愿意爱这个人；今天你拼命做一件事，但是并不意味着你明天也会这样拼命；今天你有一个梦想，但是并不意味着你明天同样对这个梦想保持关注。也许你明天可以做到，但是后天、大后天、几个月以后、几年以后呢？生活需要激情，需要对它抱有热切的渴望，需要保持热爱，但是这份热情不应该只是一时的头脑发热，不应该只是一时的盲目冲动。短暂的激情实际上没有任何意义，想要有所成就，就要对工作保持长时间的关注，就要让自己的激情和渴望持续燃烧下去。

三十年后，如果你还能像保持初恋一样来维护你的爱情，那么这份爱情才会是持久的，才会是完美的；三十年后，如果你还能像最初进入职场时那样有激情地工作，那么你一定会将本职工作做得非常出色；三十年后，如果你还能像最初那样呵护自己的梦想，还对梦想保持憧憬，那么这个梦想一定会实现。

马云伴随着阿里巴巴风风雨雨走了十几年，他从来没有说过一个累字，从来没有觉得工作很无聊，他的心态、工作状态就像公司刚刚成立的时候那样。十几年来，他的理想一直还在，工作激情一直都在。其实每个人都知道，马云对于阿里巴巴的一切都很在意，他总是想尽办法让阿里巴巴发展得更好一些，尽量为阿里巴巴纠错，也尽量将自己的光和热释放到阿里巴巴中去。正是由于长时间保持这份激情和热爱，马云创造了属于自己的阿里巴巴传奇。

现如今，平心而论，马云在中国电子商务市场上已经取得了很大的成功，在世界电子商务市场上也有了很强的竞争力，可是马云从来没有松懈，依然梦想着将阿里巴巴推向世界，让阿里巴巴成为世界上最好的电子商务公司。马云曾经给阿里巴巴制订的目标是发展 102 年，如今还有 80 多年的路要走，所以他还是愿意尽量多为阿里巴巴工作。尽管如今他已经辞去了 CEO 的职务，但是在阿里巴巴上市之前，他不打算休息，还要对阿里巴巴进行强有力的控制，他对所有人说："我从没有退休的打算。"

激情只有长久地持续下去才能证明它的价值，对于创业者来说，最初都有一个梦想，都会饱含激情地工作和奋斗，可是你的事业未必会有起色，你会遇到各种各样的压力，会遇到形形色色的问题，也会遭遇各种各样的困难，这时候你的热情是否会冷却？你的激情是否会被现实浇灭？有的人退缩了，所以他们只能遗憾地离开，有的人开始麻木了，于是浑浑噩噩、得过且过，不再有上进心。有的人则不达目的不罢休，每天都为自己充电，懂得保持自己的兴趣，最终成功的往往就是这种人，因为他们的激情最有持续性，他们对工作、对人生理想时刻都充满热情，时刻都保持新鲜感和饥渴感。

篮球之神迈克尔·乔丹第二次复出时，已经将近 40 岁，当时有人问乔丹："你为什么还要复出？"乔丹回答说："因为我始终对总冠军保持渴望。"这个人接着问："你获得了那么多的总冠军，还拥有那么多其他荣誉，这些不是足够了吗？"乔丹说："可我还想要更多。"

有些成功者天生就是偏执狂，他们总是激情满满，总是满怀希望，迫不及待地要投入到工作中去，无论自己是成功还是失败，他们都会把每一天当成第一天来过，会把第一天的状态和激情延续到每一天当中。还有一些人则把每一天都当作是最后一天，他们总是激情万丈，时刻保持决战状态，无论做什么都倾尽全力，拿出最完美的工作状态。年轻人也要保持这样的“鸡血”状态，要把每一天都当成第一天和最后一天来过。

放弃就是最大的失败

我困难，还有人比我更困难；我难过，对手比我更难过，谁能熬得住谁就赢。放弃才是最大的失败，假如你关掉你的工厂，关掉你的企业，你永远没有再回来的机会。

——马云

在墨西哥奥运会的马拉松比赛中，坦桑尼亚选手艾克瓦里因为摔伤而落在队伍后面，可是他没有放弃比赛，依然艰难地向前缓行。当他满手血污，脚上缠着厚厚的绷带，坚持在体育馆中跑完一圈又一圈时，观众们都保持肃穆，而在他完成最后一圈时，全场爆发出雷鸣般的掌声。

这一幕被纪录片制作人格林斯潘看在眼里，他非常感动，不过却不理解为什么艾克瓦里要带伤跑完全程，要知道那时候比赛已经结束了，那样根本没有了任何意义。艾克瓦里轻声回答说：“我的国家从 7000 万公里之外送我来这里，不是叫我在这场比赛中起跑的，而是派我来完成这场比赛的。”这句话后来激励了成千上万的年轻人。

在生活中，我们也会遇到艾克瓦里这样的问题，有的人在困难来临的时候直接逃跑了；有的人始终看不到什么希望，也放弃了；有的人觉得自己必败无疑，失去了坚持下去的勇气。

心理学上有一个“不值得”定律，也就是说，当我们本能地认为某件事不值得去做时，往往就会放弃。很多时候我们都会陷入这条定律之中，一旦认为不值得为之努力，不值得再去做无谓的牺牲，不值得做一件希望渺茫的事，那么就不愿意再去拼搏了，常常主动放弃自己的目标。很多人会认为这是明智的选择，但事实上一个没有战胜困难的决心的人，一个习惯了半途而废的人，一个总是悲观失望的人，往往是没有办法获得成功的。今天你放弃做这件事，明天就会习惯性地认为那件事也不值得去做，久而久之，最终你可能一事无成。

其实，每个人都可能犯错，每个人都会遭遇困境，每个人也都会有失败的时候，但是我们应该具备继续拼搏的勇气，具备坚持理想的勇气。西点军校有这样一句名言：“我们不需要常胜将军，也培养不出不犯错误、不会失败的人，但是我们可以培养出永远不会倒下的军人。”有时候结果并没有那么重要，关键在于我们的心态，在于你是否具有一颗坚定不移的心。

海明威在《老人与海》中说过这样一句话：“一个人可以被毁灭，但不能被打败。”一个人或许无法克服所有的困难，或许会遇到各种挫折，但是却无法磨灭他内心的斗志，不会被困难所吓倒，也不会轻易放弃。《老人与海》中的老渔夫圣地亚哥为了防止鲨鱼抢夺自己的猎物，坚决地与其周旋到底，虽然最终只带回来一副鱼骨架，可是因为拥有一颗不屈的心，拥有不屈的斗志，他仍然是一个胜利的失败者。

在人生的战场上，没有谁是永远的失败者，输赢的结局无法最终决定谁是最失败的人，真正的失败者也许就是主动放弃的人。马云说：“有结果不一定会成功，但没有结果的人一定会失败。”有时候成功与否并不重要，重要的是你能否坚持走到最后，能否等到一个属于自己的结果。

很多人都说马云是一个幸运的成功者，因为他很少遇到什么困难，也没有经历过什么失败，可马云却认为自己的人生有一半时间是活在逆境当中的。阿里巴巴创业初期的资金危机，千年伊始的严冬危机，2001 年互联网泡沫危机，淘宝网的信誉危机，各种危机始终在马云身边徘徊。他并不像外界所想的那样轻松，为了解决困难，他曾经每天工作 20 个小时。

马云从来不会轻易放弃，因为他知道一旦自己扛不住了，想要放弃了，那么之前的所有努力都会白费，所以他每次都会咬牙坚持下去。马云自认为是一个不达目的誓不罢休的人，他曾经想过将阿里巴巴打造成为中国最大的电子商务公司，如今他做到了，他想要让阿里巴巴上市，现在他也快做到了，他想过让阿里巴巴成为世界电子商务巨头，他也已经做到了。而他之所以能够实现这些理想，就在于他能够坚持，他从来不会放弃自己的梦想，哪怕困难再多再大，他也会想办法一一克服。

永不放弃是所有成功者必备的特质，因为成功的人总是对生活抱有希望，他们坚信只要不放弃，不停止追求，还是有成功的机会的，而一旦放弃了，就不会再有成功的可能，

亨利·福特曾先后 5 次破产，可是他从来都未曾放弃自己的汽车梦；丘吉尔一生曾经历无数次失败，到 62 岁时，他终于等来了施展

才华的机会；林肯总统一生做了十几件大事，大多都失败了，但是他懂得坚持，所以尽管最后只成功了两次，但却成就了一生的伟业。

对于年轻人来说，没有什么困难是克服不了的，只要你能够坚定意志，坚信自己一定会成功，只要你永不放弃。在适者生存的竞争时代，放弃才是最大的失败，放弃了就意味着自己失去了一次生存的机会，却给了对手一次生存的机会，这样会让自己的生存环境更加严峻。

其实，衡量一个人是否强大、是否具备竞争力，往往不在于他取得了多少成功，而在于他如何取得成功；不在于他经历了多少失败，而在于他承受住了多少失败。年轻人应该拥有强大的内心，失败并不可怕，可怕的是失败后一蹶不振。无论何时何地，都要坚持自己的梦想，一个永不放弃的人总是能够赢得更多的尊重，也能够创造更多的机会。

小聪明不如傻坚持

傻坚持肯定要强于不坚持，能够坚持的人都获得了财富；而心思活络的聪明人有时候不容易成功，坚持不下去是一个最大的原因。

——马云

很多人总是喜欢耍一些小聪明，这种人看似精明，但是往往会伤害自己。耍小聪明的人往往吃不了苦，凡事总是想着走捷径，结果反而一事无成；有小聪明的人喜欢不劳而获，喜欢贪小便宜，结果容易落入陷阱之中；有小聪明的人缺乏耐心，没有长远的发展目标和眼光，不会坚持到最后，很难取得大的成就。

而看似很傻的人，不心高气傲，不喜欢玩一些虚的招数，他们能做的就是脚踏实地，一点点去做，一点点去完成，不会轻易被外来因素所干扰，不会半途而废，不会灰心丧气。这种人更加执着一些，虽然会被人说成是“死脑筋”，但事实上这样的人并不比别人更笨，也不比别人表现得更差，他们只是能够始终坚持自己的想法，并且将这个想法一直实施下去，这种人是坚定的执行者，往往更受到社会的欢迎。

在很多企业中，老板就喜欢那些“傻傻的”员工，并不是说这些人更容易被人利用，而是说这样的人往往能够创造更大的价值。虽然他们不够聪明，虽然他们没有什么高明的计划和想法，但是他们的执行力往往要更强一些，只要认定的事情，一定会义无反顾地做下去，而且总是会做得很好。而那些思维相对活络、喜欢耍小聪明的人则处处为自己的利益着想，常常被自己一时的利益所迷惑，办事不够踏实、不够牢靠，缺乏毅力和耐心；有些自以为是，常常自作主张，不服从命令，因此往往难以托付重任。此外这样的员工往往缺乏归属感，很容易到处跳槽，最后一事无成。

克莱斯勒总裁艾柯卡曾经是福特公司的职员，他是一个工作勤快的人，无论做什么都会认真去做，而且坚持到底。他的同事们时常取笑他，认为他又不是老板，根本没有必要那么认真。同事们常常在工作间隙打牌，要么就是借着上厕所的空当偷懒，要么就是找各种借口提前下班。而艾柯卡每次都是勤勤快快上班，每天都坚持到下班时间，他在福特公司就这样傻傻干了几年，结果职位越升越高，后来竟做到了公司副总裁的位置，而当初那些聪明的同事依然还在车间里干粗活。

莎士比亚说过：“愚笨的人往往认为自己很聪明，而聪明的人却一直认为自己很笨。”最傻的人，往往是把别人都当傻子的人，他们自以为有点小聪明，自以为比别人更加懂得如何去把事情做好，却不知道自己才是最傻最无知的人。

马云是个非常踏实的人，从没有想过走什么捷径来获得成功。对他来说，脚踏实地比什么都重要，也比什么办法都有效。而对于经济效益，他也看得很开，看得很长远。他不希望自己总是为眼前的小利小益耍聪明、耍手段，他常常告诫自己：一个人如果只想着挣钱，那么就永远不可能真正挣到钱，如果每一次生意都想要挣到更多的钱，那么也许阿里巴巴永远都只是一个小公司。

有一次，他在上海五星级酒店波特曼酒店宴请一位重要的客户，结果一进酒店就被一个端着盘子的高帅服务生认出来了，服务生非常激动地对马云说：“啊呀，我认识你，我用你们阿里巴巴的支付宝分期付账，仔细算一下，可以省下一毛二分钱的利息。”马云没有为这样的客套话感到自豪，反而一直在想，如果这个服务生不是那么聪明算计，也许今天就是酒店的经理了。

从这些小事中就可以看出马云这个人的本性，从来不耍小聪明，从来不去做小动作，也从来没有耍过什么阴谋。他坚信一件事只要能够坚持做下去，总是会得到回报的。正因为这样，他坚持了十几年，并且将阿里巴巴推向了世界市场。

马云其实就像《阿甘正传》中的阿甘一样，阿甘是一个智力有问题的人，但是他却懂得不轻易放弃，做什么都能够傻傻地坚持下去，所以他克服了双腿不能跑步的缺陷，并且成为一个最能跑的人；所以他克服了生活设置的种种障碍，等到了心爱的珍妮；所以他最终实现了捕鱼的梦想，成为大富翁。像阿甘这样的人并不比别人聪明，也不拥有什么一技之长，如果说他有什么与众不同的地方，那就是他比所有人都更加懂得坚持，所以无论做什么，他总是能够做到最好。

这个社会并不缺聪明人，缺的是那种能够坚持不懈的“傻瓜”，聪明人做事会选择聪明的方法，总想着提高效率，缩短时间，结果常常落入“捷径”的陷阱；而傻瓜们则总是脚踏实地，一步一个脚印，愿意坚持不懈地走下去，这样反而能够磨出一些机会。愚公移山的时候其实用的就是最笨拙的办法，但是愚公认为只要子子孙孙这样挖下去，就不愁移不了这座大山。我们常常会笑话这种人头脑太过简单，想法太过幼稚，但是我们就缺少这种想法和魄力。

年轻人常常认为聪明人就一定比傻瓜更容易获得成功，所以每个人都想当聪明人，都想用最聪明最轻巧的方法来获得成功，一些土方法、笨方法则被抛诸脑后，结果反而造成一种急功近利的心态。总是想方设法寻找捷径，一旦捷径不通，就会迅速换一种方法，或者干脆放弃，这样反而更不容易获得成功。的确，这个世界的竞争往往就是头脑和智慧的比拼，可是坚持也很重要，你比别人坚持得更久一些，也许你就能够成为最后的胜利者。

像坚守初恋一样坚持理想

2001 年网络泡沫破灭时，那三十几家公司，我记得现在全部关门了，只有我们一家还活着。我们是坚守初恋的人，我们是坚持梦想的人，所以能走到今天。

——马云

马云用坚守初恋来表达坚守理想的重要性，这是一个非常绝妙的比喻。在马云看来，初恋总是很美好的，每个人的第一次恋爱最容易记住，每个人初次创业的时候理想是最好的，这是生活中最应该记住的东西，是生活中最值得去保存和守护的东西。但是生活会改变一个人，环境也能影响一个人，很多人往往走着走着就不知道这条路通向哪里了，他们失去了方向，失去了目标，失去了耐心，失去了激情，失去了最初的那份热爱和赤诚之心。所以，我们要对自己的人生负责，一旦有了理想，就要懂得坚持下去，要懂得将这份美好继续传递下去。

在成立阿里巴巴的时候，马云豪情万丈，但是接下来的困难远远超过他的想象。不过马云知道一个人的初恋也大多是以失败告终的，但是却很美好，反而让人对爱情有了更多的憧憬。他觉得理想也应该是一样，虽然会失败，但是不应该去遗忘和放弃，阿里巴巴发展至今已经有十多年时间了，马云并没有认真算过自己究竟失败过多少次，遇到过多少困难。他只是认为自己失败的次数一定比成功要多得多，但是即便这样，他还是坚持自己的美好理想，他觉得只有坚持理想，才能支撑着自己去追求更美好的东西。

很多人认为，马云最早是做中国黄页的，后来改成了阿里巴巴，这不是已经放弃了最初的理想吗？其实，马云最初接触互联网的时候，他的梦想就是通过互联网，来帮助更多的中小型企业获得生存和发展的机会。从最初的中国黄页到阿里巴巴，再到后来的淘宝网，他始终都在围绕这个目标来工作，从来没有改变。比如马云做电子商务时，一直在为中国小型企业服务，但是他发现 eBay 的实力太强大，担心阿里巴巴会失败，所以成立淘宝网，后来先后为淘宝网建立支付系统和物流系统，其实这一切的一切都还是在为最初的那个目标服务，所以马云常常坚定地说："我还守着我的初恋。"

每个人都会有一个美好的梦，但是这个梦往往会被现实所打断，有的人觉得自己的梦不靠谱，有人觉得自己的梦实现起来困难太多，在现实的冲击下，我们越来越感到迷茫，不知道自己该往哪儿走，不知道自己是不是应该尽早放弃。在困惑中，很多人会主动抛弃自己最初的梦想，选择走其他的道路，而这些人往往难以获得最后的成功。

很多人在创业之初，也是如此，一开始总是心怀梦想，信心满满，觉得自己会有一个非常光明的未来。可是坚持一段时间之后，发现困难重重，就会放弃，觉得自己可能不适合干这一行，渐渐失去了激情和兴趣，觉得这份工作不再有什么吸引力。每个人可能都会想办法开一个好头，但多数人没有收获一个完美的结尾，有些人甚至没有结尾。

宋朝诗人林逋说："心不清则无以见道，志不确则无以立功。"一个人心态不好、杂念很多，容易被外来的事情干扰，就不可能真正见到生活的真理；一个人志向不明确、不坚定，遇事就容易动摇，容易打退堂鼓，就无法建立什么功业。

很多人在最初创业的时候就没有端正态度，有的人纯粹是为了挣钱，有的人是为了让自己的地位更高一些，这些功利性显然影响了个人能力的发挥。就像初恋一样，应该是干净的，不能掺杂过多的功利性，否则感觉就会变味，这份感情也就会消亡得更快。如果你把挣钱当成理想的一部分，那么可能永远也挣不到大钱，因为一旦遇到困难，没利可图，你就会主动放弃。

理想是人生最宝贵的东西，不要随意地用世俗文化去染色，更不要随意丢弃，否则你将永远也找不回来。对于年轻人来说，有了理想并不意味着你就能够取得成功，关键还是要看你能否坚持这份理想，看你是否用心地呵护自己的理想，是否时时刻刻记得自己的理想。

这个世界无论做什么都不可能一帆风顺，即便再美好的东西，也会存在各种各样的问题。但是我们要始终坚守这份美好，要懂得把握最初的幸福，勇敢地将自己的梦继续下去。理想无所谓成败，无所谓输赢，坚持下去，那就是一种最大的成功。你在坚持理想时，理想就会成为一种使命，你所做的一切都是被使命推动着来进行的。坚持自己的理想，不仅仅是出于一种热爱、激情，更是出于对生活的信仰，这个信仰会支撑着你走到最后。

如果你曾经有过美好的初恋，如果你曾经有过一个美好的理想，那么就要懂得小心呵护它们，要懂得将它们放在内心的最深处，将它们延续下去，年轻人不应该只是一个造梦者，而更应该是一个梦想的执行者。

痛苦地坚持，快乐地死去

我觉得创业者要知道这样一个境界：痛苦地坚持，快乐地死去。

——马云

马云认为一个人之所以成功不是看他做了多少，而是看他做了什么，不是看他取得了什么成就，而是看他如何去面对生活。在他看来，一个能在痛苦中坚持、在失败中微笑的人，才是真正的成功人士。

所谓痛苦地坚持，就是要做好面对困难的准备，做好和困难共存的心理准备，因为人生不可能一帆风顺，你要敢于吃苦，敢于面对生活中的各种危机，要在痛苦中坚持走下去。所谓快乐地死去，就是要有一个乐观开朗的心态，要有敢于面对失败的强大心理素质和勇气。有一个美好的开始，就要有一个快乐的结尾，无论最终结果是什么，都要将最初的美好感觉延续到最后。只有具备了这两种气质和精神，才能够无往而不利，才能够真正领悟生活的真谛，享受生活的乐趣。

大家平时看到的马云，总是一副笑呵呵的样子，不会生气，没有什么失落的表情。马云是不是每天都会遇见开心的事情？是不是每天都能够事事如意？显然不是这样。事实上，马云也会遇到各种困难，他的人生也会有低潮期。他也有过痛苦煎熬的时候，但是他能一边痛苦地坚持自己的理想，一边又开开心心地做自己的事业。

马云常常说创业者的心态很重要，要知道在中国黄页最初成立的时候，遇到了一个最强大的竞争对手，那就是杭州电信。它们之间就像是轻量级和重量级选手之间的拳击比赛，当时杭州电信的注册资本达到了惊人的 3 亿元，而中国黄页只有区区 2 万元，但是即便如此，马云还是咬牙坚持和这样的对手周旋。过程当然不轻松，甚至可以说很痛苦，不仅仅是因为双方实力悬殊，更重要的是杭州电信是正规公司，还有政府撑腰，而中国黄页只是一个私人企业，算得上是“土八路”一个，在当时的环境下，根本就处在弱势地位。

马云回忆说，当时杭州电信利用中国黄页的名声也制作了一个非常相似的网站，结果生生从中国黄页这儿抢走了一大块市场，这使得马云的创业之路日益艰难。不得已，他最后只能妥协和对手握手言和，开始了合作。这次合作是痛苦的，可以说马云并不心甘情愿这样做，但是马云却仍然坚持自己的理想，哪怕受点委屈也没关系。当然这次合作最终也因为彼此理念不同而分道扬镳，中国黄页的第一次创业就这样失败了。失败之后，马云并没有心灰意冷，反而信心满满，乐观地看待互联网的未来以及自己的创业前景，这为他后来的成功奠定了基础。

“这个世界上最痛苦的就是坚持，最快乐的也是坚持。”马云用这样一句话表明了自己的人生态度，也体现了自己超出常人的心境。他告诫自己的朋友和员工：“我们来到这个世间，不是来创业的，不是来做事业的，我们是来体验生活的。”正因为把创业当成一种生活体验，马云才能始终保持好的心态。正因为他不惧困难，不惧失败，始终坚持且快乐地坚持下去，才能够渐渐从困境中杀出重围，才能够从失败中寻找到成功之路。

创业往往是一个漫长的过程，你会经历各种各样的困难，会遇到各种障碍，更重要的是你的付出不一定总是会有回报。没有多少人能够像马云那样成功，但是即便是失败也要坚强面对，也要用最好的心态去面对，只要你能够坦然地面对失败和困境，那么下一次你很可能就会成功。

2008 年，共和党候选人麦凯恩和民主党候选人奥巴马竞选总统，在漫长的角逐战中，麦凯恩曾一度领先对手，但是最后还是功亏一篑。失败后，记者采访麦凯恩，问他此时最想说的是什么。麦凯恩轻松地说：“要知道竞选总统可不是件轻松的事，我差不多累坏了，好在我坚持下来了，当然结果并不像想象中的那么好，可是我依然很高兴，而且我确信美国的确找到了一位好总统。”

生活中有很多这样的失败者，很多创业者一辈子都在奋斗，虽然事业依然没有什么起色，但是他们依然笑对人生；很多科学家将毕生精力放在枯燥乏味的科学研究中，虽然总是和成功擦肩而过，但这并不能阻挡他们的激情；很多球员打了一辈子球，比谁都要勤奋努力，比谁都能够坚持，虽然可能每一次冠军都不属于他们，可是他们退役的时候，依然骄傲地说："我热爱这项运动。"这些人历经艰辛，一直在为自己的梦想而拼搏，但是命运总是和他们开玩笑，总是剥夺他们胜利的果实，而他们依然热爱自己的工作和事业，依然愿意为之付出更多，依然愿意快乐地承受一切困难和失败，这样的人其实比成功者更值得人尊敬。

生活往往是艰难的，人生的道路也是坎坷曲折的，想要到达目的地并不容易，但是我们不应该被困难吓倒，也不能被失败所困扰。既然生活给了这样的机会，那么每个人就都应该去尝试、去体验，在痛苦中去拼搏，即便失败了，也要微笑着面对，即便一无所获，也要快乐地承受，这就是生活，而你要懂得去享受生活。

年轻人要具备良好的心态，不能因为有困难就退缩，不能因为可能会失败，就不想去尝试。年轻人要勇于迎接挑战，不能被失败所击倒，无论遇到什么事情，都要坚持到底，而且是快乐地坚持到底，即便失败了，也不要忘记留下一个笑容。

熬过冬天，"剩"者为王

冬天寒冷的时候，我们提出的口号是："坚持到底就是胜利。"只要我们活着，不死就有希望。

——马云

1812 年拿破仑远征俄国，由于双方战斗力悬殊，法军长驱直入，深入俄国内部。俄军实力不济，只能打消耗战，进行战略撤退。法军渐渐觉得有些吃力，更为不妙的是当年的俄国过早地进入冬天，这是拿破仑始料未及的。严寒的到来给双方都带来了麻烦，但是俄军认为法国远征而来，原本想速战速决，必定储备不足，只要自己耗下去，就一定可以拖垮法国人。于是俄军统帅库图佐夫下令一旦从一个城市撤退就将该城市彻底焚毁，这就是著名的焦土政策，这样一来拿破仑占领的城市就没有任何利用价值了。结果法国军人受不了严寒的天气，斗志涣散，战斗力大大受损，最后只能撤退。而俄军趁势追击，一举击败了拿破仑。

我们在生活中也常常会遭遇“严寒气候”，股市低迷，楼市低迷，房价上不去，金融危机，投资环境恶化，市场不振，消费低迷，等等，这些大环境的不利因素会对创业者造成很大的影响。但是对你造成了影响，对别人同样会造成影响，因此想要生存下去，想要得到新的发展机会，就只有等待，只有在不利条件下继续煎熬。你熬的时间越长，坚持的日子越久，你存活的机会就会比其他人更大一些，谁能够成为最后剩下来的人，谁往往就是最后的成功者。

马云曾经说过：“一个伟大的公司不仅在于能够抓住多少次机会，更在于能够扛过一次又一次灭顶之灾。”这些灭顶之灾对于每一个创业者而言，都是很有可能遭遇的，关键就要看你能否坚持到底。

2001 年和 2002 年可能是中国互联网最难熬的一段日子，当时互联网非常不景气，各种互联网公司都陷入了经营的困境，阿里巴巴也遇到同样的问题。不过马云坚定地认为自己日子不好过的话，别人同样身陷困境，关键是看谁能够从危机中扛过去，谁越能熬，谁就越容易生存下去。马云认为危机总会过去的，而且机会不久之后就会到来，结果 2002 年底，互联网行业开始复苏，很多公司都把握住了发展机遇，可惜的是一些公司没能在这场严寒中坚持下来，最后销声匿迹。

不仅仅和对手熬，包括阿里巴巴公司内部人员其实也在熬，每次当阿里巴巴遭遇危机的时候，一些员工没有熬过去，想来想去最终还是离开了马云。这些人并非不够忠心，只不过由于各种原因难以坚持下去罢了，结果到后来跟随马云打天下的人几乎全部成了富翁，而那些早早离开的人只能说很遗憾。马云的第一位秘书叫李芸，她曾经和马云一同创办中国黄页，失败后也和马云一同北上寻找机会，可是因为李芸当时已经结婚，最后不得不从北京返回杭州老家。马云离开北京后，多次邀请李芸和自己一同创业，可是因为各种原因，李芸都拒绝了。试想一下，如果当初她选择继续坚持跟着马云，那么现在也许会是阿里巴巴中最成功的人之一。

我们往往在失去之后，才会感慨自己当初没能好好坚持下去，才会后悔自己的毅力不够。但是这个世界上没有后悔药，你失去了这次机会，就很难有第二次机会来弥补。其实人生中总会有高潮，也总是免不了要经历低谷，每个人都会遇到自己的寒冬期，那么如何才能更好地应对危机呢？最直接最简单有效的方法就是坚持下去，尤其是当出现群体性危机时，更要懂得比别人多坚持一点儿时间。这个世界就是如此，只要你能坚持到最后，只要你是最后那个站着的人，那么你就是那个最成功的人。

朱元璋在反抗元朝政府的各路义军当中，他的实力也不是最强大的。但是朱元璋能熬，无论遇到什么样的恶劣环境和局势，他都能想办法坚持扛下去。正因为如此，当大家在连年战火中斗得元气大伤时，朱元璋成了最后那个举着大旗的人，理所当然地，他也成为最后的胜利者。

有人问蒙哥马利将军："在战场上，如何才能获得最后的胜利？"将军回答说："比别人都活得更久一些，那就是胜利。"生活中也是如此，我们总会遇到各种困难，遭遇到各种危机，面对各式各样的挑战，但是无论何时你都要坚信一点：剩者为王。只要你是坚持到最后的人，那么你成功的机会自然就比其他人要高很多。

年轻人最缺乏的往往就是这种韧劲，就是这种坚持下去，死扛到底的毅力。每个人都想着速战速决，都想着寻找最简单最直接的方法来击垮对手，实现自己的目标。但是生活不可能总是如此如意，也不可能如此简单。你最应该做的其实是坚持，是做好和别人打消耗战、打持久战的心理准备。要知道有时候对手是被磨垮的，磨的时间越长，你的胜算就越大。拳王阿里说："当拳击手累得气喘吁吁时，最后要看的不是谁最能打，而是谁最能挨。"年轻人要做更能挨的人，只要在残酷的环境中挨了下来，最后的成功一定会属于你。

有人问爱因斯坦一个人什么时候最容易获得成功，爱因斯坦风趣地回答说："当你熬过了所有的失败，那就是成功。"一个能够从失败中坚持下来的人，一个能从困境中坚强站立着的人，一个能从各种危机中"剩"下来的人，本身就是成功者。年轻人要有足够的意志力和忍耐力，这个世界不一定以胜者为王，而往往会以剩者为王，哪怕你只是一个幸存者，也证明了你的生存能力比其他人更强。

第六堂

创业的灵魂：光脚的永远不怕穿鞋的

/ 把创业当成是一生的事业

/ 做好准备：创业就是与困难、失败相伴

/ 创业要有一种“疯”劲，只有偏执狂才能生存

/ 一个好的企业靠输血是活不久的，关键是自己造血

/ 客户是你的衣食父母，要永远把客户放在第一位

/ 为客户而改变是创业的不变法则

/ 创业者应该学习别人是怎么失败的

/ 只有被狠狠 PK 过，才会有出息

把创业当成是一生的事业

你的项目感觉是一个生意，不是一个独特的企业。

——马云

马云认为，一个单纯从生意角度、从利益角度出发的企业并不是一个有魅力的企业，那么哪些才是具有独特魅力的企业呢？可口可乐、苹果公司、通用公司、麦当劳、沃尔玛就是这样独特的企业。这些国际巨头之所以能够成功并成为世界级的大品牌，而且具有几十年上百年的历史，很重要的一个原因就在于它们的创办者或者总裁，一直都将企业的发展融入到自己的生命中，用一辈子去创业、去实现理想。这些人获得成功的一个重要因素就是一辈子都在为事业而奋斗，有些人甚至一辈子都只是在做同一件事，一辈子都只有一个目标，那就是让企业继续发展下去。

相反的，很多人则目光短浅，缺乏持续性的创业激情，缺乏足够的耐力和动力，而且很容易在市场环境变化时失去自主意识，喜欢盲目跟风，放弃自己的理想。中国也有很多出色的创业者，但是多数人对创业的理解仅仅在于挣钱，所以能够挣钱的，他们就愿意继续做下去，挣不了钱的就立刻放弃，要么就换个方向。比如中国有很多大公司原先的经营乏善可陈，可是当房地产兴旺的时候，都将资本转入房地产中，而且美其名曰走多元化发展的道路，但实际上只是为了短期的经济利益。可是这样一来公司原本的发展就会受到影响，企业自然难以长久发展下去。

对于任何一个想要真正创业的人来说，最应该做的就是坚持守护自己的理想，就像那些老字号一样，要将这个品牌做够一百年、两百年，甚至更久一些。只有这样，我们才愿意将一生的时间投入到自己的事业中去，才能够将自己的事业越做越大、越做越好。

创业不能被仅仅当成挣钱养家的工具，当成争名夺利的工具，创业应该是对于理想的实践，是个人对自身价值的一种证明，是自我实现的一种精神需求，也就是说创业往往要有荣誉感、成就感、满足感和归属感。

股神巴菲特严格来说并不是一个创业者，但是从股市投资的角度来说，他算得上是一个出色的投资者了。他的一生都浸淫在股市之中，将所有的时间和精力都投入到这个虚拟的资本市场中。有人很疑惑，巴菲特现在已经是世界上最富有的人，为什么还要在股市中炒股呢？但在巴菲特看来，挣钱并不是他的目的，他就是想要在股市中获得成就感，就是想要在股市中证明自己存在的价值。你可以说那是兴趣，也可以说那是理想，但无论怎样，炒股已经成为巴菲特一生的使命，股票市场已彻底融入他血液之中。

创业者就需要这样的激情，需要这种执着，无论做什么，都要用心，用心的前提就是投入自己的爱，而一个人爱自己的事业，就要把事业当成一生所求，因为这份爱只有坚持得长久，所能创造的效益才会越大。只有把事业当成人生理想的所在，你才能够真正做出属于自己的事业，才能够真正收获属于自己的成功。

马云是一个非常成功的人，但他却总是认为自己只是一个幸运儿，比起其他世界级的创业者来说还差得远。很多人认为这是马云谦虚罢了，但是从马云的观点来看，他的话不无道理，因为在那些优秀的企业中，那些优秀的企业领导人往往花费了一生的心血来经营，而马云现在却只做了区区十几年。正因为如此，马云常常说自己是不会退休的，即便有一天从管理层退出来，他还要继续为阿里巴巴奉献自己的能量。

可以说马云是打算一辈子为阿里巴巴服务的，而从他以往的工作经历来看，这种诚意这种愿望并不只是说说而已。其实自从 1995 年马云接触互联网开始，他就一直在为自己的事业奋斗，可以说他的全部心血都在阿里巴巴上面，他的全部希望也寄托在阿里巴巴上面。我们可以看见这个瘦弱的男人常常为阿里巴巴四处奔波，为阿里巴巴彻夜不眠，为阿里巴巴曾经连续每天工作 20 个小时，即便如今阿里巴巴已经成为中国电子商务的巨头，马云依然不放弃自己的努力，依然尽心尽力。从某种程度上来说，阿里巴巴就是马云全部的生命所在，是他一生的追求所在。

有家机构曾经对来自 25 所高校的大学毕业生做过调查，发现大约 30% 的毕业生有自主创业的打算，但是在这些创业者当中却很少有人具有明确的目标和方向，而且多数人创业的初衷很简单，就是为了挣钱，要么就是为了过得更加自由一些。这类创业者实际上都在追求短期的利益，他们并没有真正想过自己应该做些什么，没有想过自己应该做出点什么，而这常是创业者的通病，因为经济效益总是实实在在的东西，他们追求的就是这份实在，而缺乏长远的眼光，缺乏一个长远的理想。

有位经济学家指出："企业想要挣钱其实很容易，但是要做成一个品牌却往往很难，要做成一个成熟的品牌更难，而要做成一个具有历史感的好品牌则是难上加难。中国缺少这样的好品牌，更缺少肯努力打造品牌的优秀人才。"所以很多人都认为这个世界大多是投机者，而缺少好的投资者，因为在利益面前，很多人都不能忍受四五十年干同样一件工作，不能忍受日益减少的挣钱机会，不能忍受生活中无处无时不在的变数。

很多人在将某个工作做得非常出色之后，转行做其他事业，获得成功后再次跳槽。这种人也许的确很出色，也成为多数人羡慕和敬仰的对象，他们可以称得上是人才，但是绝对称不上是一个优秀的企业家。你利用十年时间做了一件大事，然后用第二个十年做了第二件大事，接着又先后做成了其他的工作，尽管每项工作都事业有成，但是你所有的工作都缺乏连续性，你的人生目标都没有明确下来。也许你做得很出彩了，但是还没有做到极致，你完全可以做到更好的。优秀的企业家是那些能够坚持一辈子去做一份工作，用一辈子去经营一份事业的人，也只有这种人才能把一个企业做到最好。

年轻人一定要懂得这样的创业道理，创业不应该是儿戏，不能够单纯用钱来衡量。一个企业你做了十年就关门不做了，那么即便你挣的钱再多也是失败的；而一个百年老店，即便经营惨淡，它能够存活下来那就是最大的成功。可见创业是需要年轻人付出一辈子的事情，把事业做好应该是年轻人一辈子的使命和信仰，只有把事业融入生命的人，才会将事业做得有声有色。

做好准备：创业就是与困难、失败相伴

对所有创业者来说，永远告诉自己一句话：从创业的第一天起，你每天要面对的是困难和失败，而不是成功。我最困难的时候还没有到，但那一天一定会到。困难是不能躲避的，也不能让别人替你去扛，任何困难都必须你自己去面对。

——马云

我们所知道的那些风光无限的大企业实际上同样遭遇过各种各样的危机，它们也是从困境和失败中一路成长壮大起来的，苹果公司曾经几乎濒临破产，三星公司则一度被索尼公司压得喘不过气来，百事可乐在可口可乐的夹缝中艰难生存，微软公司的产品则在很长时间里无人问津。但是这些企业如今都成了业内巨擘，成为世界上实力最为强大的企业。但我们只看到了它们光鲜的外表，却不曾想过它们其实也是伴随着困境成长起来的，可以说正是这些困难的存在，才成就了它们今时今日的国际影响力。

所以对每一个创业者而言，你最先要做的就是做好足够的心理准备，要懂得在逆境中坚持下去，懂得和困难、失败相伴。人的一生多数时候都在经历失败，可以说我们一生中实际上都在与失败为伍，可以说我们的创业史，实际上就是一部有关失败的传记。可以说遭遇失败是生活中的常态，我们根本没有必要去害怕、去回避，而丧失信心，我们应该大胆地面对失败，勇敢地接受失败。

很多人在创业的时候，往往把事情看得很简单，把问题想得很简单，把未来想象得过于美好和光明。这些人对困难缺乏足够的思想准

备，缺乏足够的忧患意识。所以一旦出现困难，往往会手足无措；一旦遭遇挫折，则会步步退缩，畏惧不前；一旦遭遇失败则心灰意冷，就此放弃。其实创业从来都不会是一帆风顺的，即便是那些风险很小、操作简单的好项目，也会有遭遇滑铁卢的时候，如果你没有做好准备，没有足够的承受能力和应对能力，那么很可能会半途而废。

有位企业家说："当发展形势一片大好，我们在做出决策的时候，往往会考虑最坏的结果是什么，当发展形势严峻，我们在做决策时，则会尽可能往好的方面去想。"其实这就是一种非常好的心理素质，创业的时候不盲目乐观，能够分析出现各种不利情况的可能性，从而做好心理准备。当遇到困难时，则能够保持乐观积极的心态，不被困难吓倒，不被一时的失败所困扰，能够保持希望，勇往直前。

对一个优秀的创业者来说，准备创业的时候，就要做好失败的心理准备，就要做好迎接各种困难和挑战的心理准备，不仅不要害怕困难和失败，还要懂得将失败转化为前进的动力。强者和弱者的区别有时候就在于面对困难时的态度，巴尔扎克说："挫折就像一块石头，对于弱者而言，它是一块绊脚石，让你却步不前；而对于强者而言，它是一块垫脚石，让你站得更高。"软弱的人用消极的眼光来看待困难和失败，避之唯恐不及，而一个内心强大的人则会将困难和失败当成一种助推器，他们会想办法将所有障碍踩在脚底，将所有障碍都当作前进的动力。可以说，每一个强大的企业都是踩着失败的梯子慢慢爬到高处的，它们对于失败承受能力的强弱往往决定了它们能够生存多久，能够发展到何种地步。

马云在创业之初，曾经许诺要让天下没有难做的生意，这听起来是一个非常宏大的目标，当时很多人认为马云过分乐观了，毕竟天下没有什么生意是好做的，一旦涉及利益纠纷，就会出现各种各样的问题和麻烦。这的确是句大实话。但是马云并非是盲目乐观，他能够找准市场，能够正确把握发展方向，而且马云也估算到了困难的存在，意识到肯定会出现各种危机，肯定会遭遇各种困境，肯定会面临各种各样的压力和挑战。但是他觉得这些困难的存在是很有必要的，阿里巴巴有必要接受这些困难的检验，阿里巴巴也需要在各种失败中接受洗礼，只有这样阿里巴巴才会不断完善自己，才会不断壮大自己的实力。

正因为如此，阿里巴巴每一天都在进步，每一天都在扩展自己的业务和市场，现如今，它的产品市场占有率超过了 80%，离最初那个梦想其实已经很近了。可见马云并不是一个盲目乐观的人，也不是一个彻底的理想主义者，他对于发展目标的渴望比任何人都要强烈，他对于困难失败的体验也比任何人都要更加真实。阿里巴巴发展至今，遇到过很多困难，但是马云都能够带领员工坚持熬过去，在他看来这些困难就是生活历练不可或缺的一部分。他还乐观地表示，阿里巴巴最困难的时期还没到来，阿里巴巴最大的危机还没出现，显然他已经做好了应对的准备，他准备好了接受更大的考验，而下一次危机，也许能够让阿里巴巴更上一层楼。

马云说过："冬天并不可怕，可怕的是我们没有准备，可怕的是我们不知道它有多长，多寒冷！机会面前人人平等，而灾难面前更是人人平等。谁的准备越充分，谁就越有机会生存下去。"所以对于任何一个创业者来说，做好充分的准备很有必要，只有这样，才能在困难到来的时候处变不惊，才能在面对失败的时候保持信心和希望。

出现困难和失败是每一个人都会遇到的问题，如果创业总是一帆风顺，那么别人早就做成功了，也轮不到你去做。所以年轻人应该理性地看待自己所遇到的问题，不要去抱怨，更不要去逃避，既然它们是平常生活的一部分，就应该用平常心去对待，该来的总归要来，与其逃避，还不如想办法去解决，这样或许还有机会渡过难关。

创业要有一种“疯”劲，只有偏执狂才能生存

创业很累，创业的失败率很大很大，创业者都是疯疯癫癫多一点。

——马云

英特尔创始人格鲁夫说：“只有偏执狂才能生存。”“要成功，先发疯”这句话成为很多创业者的座右铭，当然这种疯并不一定就是指精神上出现问题，而更多的是一种激情，疯的人未必都是智慧出众、能力出众的人，但是他们往往敢去想、敢去拼，常常比常人更富有激情，比常人更加投入、更加专注、更加执着，也更加大胆，所想到的方法往往也更加出人意料，所以他们成功的机会更高。

成功人士很多都具有疯子的气质，有的人是一天工作 20 个小时的工作狂，有的人是一条道走到黑，不达目的不罢休的偏执狂，有的人是喜欢出人意料、不走寻常路的异类，有的人是天马行空、任意而为的妄想者，有的人是不惧危险、激情四射的冒险家。这些人从来不像普通人那样想问题，也不会像普通人那样做事，他们从来不甘心平平淡淡地活着，不甘心做一些平庸的工作，要做，就要做得疯狂。

有个哲学家说：“如果你还不够成功，那是因为你活得太正常。”

我们绝大多数人只愿意成为大众化的个体，只愿意跟随别人去生活，所以常常会选择用最大众化的思维去思考问题，会选择用最大众化的方式去解决问题，这样虽然能够求稳，但是难以出奇制胜，难以突破常规，创造什么异于常人的成功。而那些天生的“怪胎”，那些行事偏执疯狂的人则能够想到各种异于常人的方法去实践，而这些不同的路子实际上就是成功的突破口。

巴顿将军在战场上从来不会退缩，他的行动方案永远是：前进。很多人都说他在战场上是个疯子，但正是这个疯子给了德军最惨痛的打击。著名的西班牙画家萨尔瓦多·达利总是用狂想的方式创作，加上特立独行的表白以及疯狂的表演欲望，使他成为20世纪最著名的艺术家之一。乔布斯患有强迫症，他对于产品的要求非常苛刻，常常用完美的标准来要求，正因为如此，他才能够从指尖上改变这个世界。

人们常常说这个世界上，天才和疯子往往只有一墙之隔，要么成为天才，要么变成疯子，但是从某些方面来说，天才和疯子的本质是相同的，天才往往就是疯子，而疯子也可能就是天才，他们的所作所为都是不按常理出牌的，他们对事物的看法和理解能力也和常人不一样。正因为这样，他们才能够坚定不移地走自己的路，能够用最大的激情和努力来实践自己的理想，而马云也是这样一个偏执狂。

当马云放着好好的教师不当，去创立翻译社时，人家都说他脑子坏了；当他放着翻译社好好的生意不做，去搞互联网时，大家又说他是疯子；当他想办法创办阿里巴巴，并豪言走向国际市场的时候，大家觉得他真的是一个疯子，可是一路走来，马云这个疯子带给了大家一个又一个想象不到的奇迹。正因为马云是个疯子，他才做了别人不愿意去做的事情，才做了别人看不起的事情，才做了别人看不见的事情，最后他比大多数人都要成功。

其实从马云的发展轨迹以及他所遭遇的那些困难来看，很多时候，他的思维和行为都是不合理的，比如用 50 万元来创办电子商务公司，这实际上就是一个巨大的风险，因为电子商务是一个需要庞大资金和先进技术来支撑的行业，马云没有钱，也没有技术，这等于是盲目投资，所以很多人劝阻他也不是没有道理的。但是马云就喜欢做那些异于常人的事情，别人说不行，他偏偏要去尝试，偏偏要坚持做下去。马云的确是疯了，但是他疯得很可爱、很有味道，而且，毫不夸张地说，他疯得很成功。

马云曾经说过，一个优秀的领导者总是孤独的，因为没有人能够理解他的疯狂，没有人能够跟着他一起去疯。多数人都显得太理智、太客观、太冷静了，也太喜欢常态化了，所以优秀的领导者往往缺少理解。

有些创业者会抱怨自己的工作没什么挑战、没什么激情，也没有多少价值可创造，认为自己所做的都是一些稀松平常的小事。可是，这个世界上并没有什么工作是平凡的，只有平凡无奇的人。一个工作者如果缺乏动力，不够疯狂，不够冒险，缺乏足够的专注和执着，那么想让平淡乏味的工作出现什么改变，无异于痴人说梦，只有那些偏执狂才能够把工作做得有声有色、色彩斑斓。就像一个出色的画家一样，哪怕他只是疯狂地迷恋一种颜色，也能够创作出让人着迷的画作，也能够用单调的颜色调出一幅最富内涵的成功作品。

正因为如此，年轻人应该保持一种疯劲，有必要的话应该让自己变得更为偏执一些，要做别人不敢想不敢做的事情，要用别人想不到的方法去实践。疯疯癫癫有时候比按部就班地做个正常人要更有效一些。当某一天你发现自己异于常人的时候，也许已有机会获得异于常人的成功。

一个好的企业靠输血是活不久的，关键是自己造血

我深信不疑我们的模式会赚钱的，亚马逊是世界上最长的河，8848是世界上最高的山，阿里巴巴是世界上最富有的宝藏。一个好的企业靠输血是活不久的，关键是自己造血。

——马云

威士忌大王杰克丹尼出生于一个大家庭，十几岁的时候他准备出去闯荡，看看能不能干出一番大事业。临行前，父亲对他说："我不能给你钱，也不会给你任何帮助，有一天你自己学会了挣钱，就能够找到生活留给你的财富了。"于是杰克丹尼孑然一身离开了家乡。在往后的生活中，杰克丹尼只能自己想办法生存下去，只能学着自理自立。后来他跟随一个传教士学习威士忌的酿造，并很快购买了一个酿酒厂，此后他渐渐成为威士忌的代名词。成功之后，他回想往事，重点感谢了父亲，正是因为他当年没有给自己钱，才能够让他学会了如何去挣钱。

杰克丹尼的成功对很多企业家如何创业有很大的借鉴意义，因为很多企业家在创业过程中常常会为自己的劣势和不足而发愁，总是担心自己缺这缺那，总是想着让别人给自己一些帮助。但一个成功的企业家、一个成功的企业，首先应该是能够独立自主的，脱离了任何外

在的帮助，它都能够安然度过危机，想办法生存和发展下去。

随着市场经济的发展，中国开始着重进行经济体制改革，很多企业被迫转型，尤其是一些国有企业，因为在此之前，很多国企都是依靠国家来生存的，它们的资金和市场都依靠国家。正因为如此，多数企业不思上进，缺乏活力，效率低下，管理水平也很糟糕，它们失去了自己造血的能力。而当整个市场越来越开放，市场竞争越来越激烈的时候，这些国企往往无法适应这样的生存环境，开始被淘汰掉。如果国企能够改变思维，改变经营模式，改变管理体制，能够主动迎合市场，主动接受市场的检验，就可以提高自己的生存能力，实现自给自足、自力更生。

现在，很多人一提到创业，首先想到的就是贷款，总是希望政府能够给予自己一些资金支持、技术支持，希望政府帮助自己打开一些市场。出了问题就四处找关系，托人帮忙，自己从来不去直面这些问题，不会从这些问题中发现自身的不足。你在地方上当然有条件来寻求帮助，但是一旦你走出本地市场，走出中国市场，还能依靠谁来帮你扫清障碍呢？很多经济学家认为中国存在一大批寄生虫企业，它们都是在依靠本土资源和政府资源生存，一些企业甚至依靠政府来为它续命，根本没有任何竞争力，是寄生在小市场上的寄生虫，一旦走出去，一旦别的竞争者和它们抢饭吃，它们就会饿死。

其实，一个好的企业首先应该具有很强的适应能力和生存能力，无论到了哪里，无论到了哪种环境，它们都能够依靠自身实力生存下去，它们应该是真正的全球通。像可口可乐公司、微软、苹果、三星、波音公司，这些巨头都拥有自己的造血系统，都有极强的生存能力和适应能力。正因为如此，它们才具有世界级的竞争力，才能够畅销世界，抢占全球市场。而像雷曼兄弟这样的银行业巨头因为失去了良好的融资通道，只能寄希望于美国政府的拨款，最终还是免不了破产倒闭。

中国企业想要走出去，首先就要想办法独立起来，要懂得为自己输血，建立起完善的造血系统，比如拥有自己的核心技术，自己的管理模式，自己的融资方向，还要有自己的广阔市场，而这些都需要自己去摸索，需要自己去开发和创造。当你能够为自己输血造血时，你就没有必要依靠任何人，而且这样你才能够抵御外在的风险，才能够提高自身的生存能力。

正因为如此，在创业的时候，领导者一定要有明确的独立意识，要有自己的办事原则，凡事都要着眼于长远的发展。出现了问题不要急于找人帮忙，而应该尽量自己解决，技术不够，那就自己去研发；管理不好，就自己制订合理的规则；资金不足，就想办法自己去融资，想办法创造更多的收益。要知道，在这个世界上，没有一个成功的企业家、没有一个成功的企业是靠别人扶起来的，那些人为扶起来的东西，即便看起来再伟岸、再有实力，也总有一天会倒下去的。

马云是一个很有原则的领导者，他也不喜欢去求人，这一点在他创业过程中就能很好地表现出来了。比如在阿里巴巴最困难的时候，他没有请政府出面，也没有请人帮忙，更没有找银行借钱。因为马云认为别人可以帮你一次、两次，但是最终你还是会遇到第三次，如果你总是请别人帮忙，那你就永远不会发展壮大起来。这就像孩子一样，仅仅依靠妈妈的乳汁，他是永远不可能长大的，也永远不可能变得强壮；总是依靠妈妈来搀扶，他就永远也不可能学会走路。

在中国互帮互助是一种美德，但是马云却警告说："中国的电子商务人必须独立走路，而不是老是手拉手，老是手拉着手要完蛋的。"与其说马云希望看到中国企业变强变大，倒不如说他更希望看到中国企业能够自立，不要总是和其他企业抱团走路，甚至不要总是想着向外界寻求帮助。当今很多中小企业都面临着融资困难的问题，马云曾在节目中当着银行界嘉宾的面直言不讳地批评银行家们嫌贫爱富，对于不同层次的企业人区别对待。马云发火是出于一种同情和不满，但是他也告诫中小型企业要懂得自己给自己输血，而不要总是把所有希望寄托在银行那里，要懂得“不理会银行”。马云曾经自豪地说阿里巴巴从来没有贷过一分钱的款，他觉得自己能够做到，中小型企业也一定能够做到。

年轻人应该借鉴马云的创业思路，更要有马云的创业精神，做人做事都不要有依赖性，不要总是去寻求帮助。当你觉得自己有靠山有帮手时，就不会想办法来提高自己了。其实有些东西既然是没有的，就不要总是想着去借，如果你能够自己创造这些东西，那么无论什么时候，你都会存活下去，而且要比别人活得更好、更成功。

客户是你的衣食父母，要永远把客户放在第一位

每个人都要问自己，我为用户创造了什么样的价值，这样价值才是最大的。

——马云

沃尔玛的山姆大叔曾经给公司制订两条特别的规定：1. 顾客永远是对的。2. 如果顾客出现了错误，请参照第一条。正因为山姆·沃尔

顿顾全大局，能够时刻为客户的利益着想，他的生意才能遍布全球各个国家。实际上呢，但凡和沃尔玛做过生意的人都知道，沃尔玛向来是有名的“压价王”，为了满足广大消费者的利益，他们经常会搞降价促销活动。这受到了普通消费者的欢迎，但是“天天低价”活动损害了部分制造商的利益，他们的利润只能不断缩减。

尽管沃尔玛的“天天低价”让制造商们有苦难言，但是很多人依然愿意和沃尔玛搭上线，有句流行语说：“制造商所能做的第二糟糕的事是与沃尔玛签约，那么什么才是最糟糕的事呢？不签。”因为制造商知道沃尔玛选择薄利多销的经营方法，他们也采用这样的方法，实际上所获得的经济效益比原先的要更多，相反的，如果沃尔玛不降价，制造商的利益同样会受到损害。

都说顾客就是上帝，对客户也应该像对待上帝一样，一个企业只有将客户的利益放在第一位，才能够赢得更多的客户。但是很多时候我们会用狭隘的眼光来看待客户，其实客户关系并不仅仅是单纯的买卖交易关系，更重要的是应该培养一种供应优先关系、合作伙伴关系以及战略联盟关系，而在建立这样更为优良更为紧密的关系之前，最应该做的就是尊重和维护客户的切身利益，让客户觉得你是值得信赖的合作伙伴，让客户觉得你的服务能够给予他更多的优惠。只有这样，客户的忠诚度和信任度才会提升，彼此的合作才会进一步深化。

对于创业者而言，客户其实就是发展所需人力资源的一部分，是企业发展过程中不可或缺的重要环节，所以它更应该被纳入到自我的发展体系中来，它更应该成为企业发展优先考虑的重要课题。因为客户决定了市场，决定了公司产品的销路，也直接决定了公司的业绩。我们都知道 VISA 卡，其实 VISA 发展得比较晚，它绝对不是第一家发行信用卡的公司，但是 VISA 对于客户的服务态度却是最好的，它们永远都是把客户当成上帝一样来对待。正因为如此，它才能够拉拢各大银行，并迅速成长为世界上最大的信用卡公司。

现如今，人力资源已经成为竞争中最重要的资源之一，一个企业的客户越多，客户的忠诚度越高，所占领的市场也就越大越稳定，它的生存机会也就越大，发展空间也越大。正因为如此，每个企业都应该重视客户的利益，将客户的利益放在第一位，而马云就非常重视自己的客户资源。

为了确保良好的合作关系，马云非常懂得如何去提高阿里巴巴的服务，因为他明白与客户合作不仅仅是做完生意签完字就结束了，最重要的是让客户对自己的服务感到满意，这样才能促成第二次第三次的合作，用一个非常专业的名词来说就是回头率，马云要做的就是提高阿里巴巴客户的回头率。

2009 年第一个季度，阿里巴巴的营收额为 8.066 亿元，这和前一年第一季度的 6.801 亿元相比，已经增长了 18.6%，但是企业的净利润由去年的 3.007 亿元下降到了 2.534 亿元，下降了 15.7%。之所以会出现这样的情况就在于阿里巴巴增加了对客户的投资，这样有利于维护客户的利益，所以尽管利润下降对阿里巴巴来说并不是一件好事，但是马云却认为投资客户是所有业务的重中之重，因为客户的利益高于一切。

马云曾经告诫自己的员工说："服务是全世界最贵的产品，最贵的服务就是不要服务。完善一套良好的服务体系非常重要。丢掉一个大客户不会让天塌下来，而如果不利用这个机会去建立一套完善的服务体系，天就一定会塌下来。今天中国的服务是最昂贵的产品。服务是将来的趋势，收费最高。你要想把服务做好，就需要让你的客户不需要服务，形成一套体系和制度，不是安慰，不是去道歉。”

正因为他时时刻刻都以客户利益为重，甚至不惜牺牲公司的利益来维护客户的忠诚度，为阿里巴巴打开了更为广阔的市场和生存空间，这样有助于阿里巴巴的长远发展。马云经常说，一个把挣钱当成目标的公司，它是难以发展壮大的，一个优秀的公司应该具备长远的发展眼光，应该懂得让利，应该将更多的实惠分给自己的客户，这样才能赢得更多的信任和机会。

对于广大年轻创业者来说，一定要明白自己和客户是相互依存、唇亡齿寒的互助合作关系，一定要把握好“客户为主，客户为先”的原则：凡事要从客户角度出发，要以客户的需求为先，想客户所想，急客户所急，随时倾听客户不满的声音，真正做到以客户的利益为中心。这样才能让客户建立起信任感和归属感，从而确保企业能够长远发展下去。如果过分看重自身利益，过分看重眼前的效益，甚至以牺牲客户的利益来满足自己的私欲，只会断送更多的市场和人力资源。

为客户而改变是创业的不变法则

必须先去了解市场和客户的需求，然后再去找相关的技术解决方案，这样成功的可能性才会大。

——马云

很长一段时间内，生产者和客户之间的合作关系都是客户主动上门找生产者谈生意，那时候生产者往往是主体，而客户则是被动的需求者。但是随着市场经济的发展，随着物流的高速发展，客户资源的重要性日益凸显，企业被迫转变自己的经营思维，开始主动向客户和消费者靠拢，开始将客户当成整个“生产—销售—消费—服务”产业链的核心。很多优秀的企业不再让客户被动迎合自己的要求，而是主动围绕客户的实际需求去做出改变，完善自己的服务体系，时刻以客户的利益为主题，从客户的实际需求出发。

很多人也许还在坚持传统的经营模式，但是，那些以自己为轴心的企业很容易在客户需求的变化中丧失市场，诺基亚就是一个很好的例子。诺基亚在很长一段时间内占据着最大份额的手机市场，但是随着新型技术的发展尤其是触屏技术的发展，客户对于触屏手机的需求日益增大，诺基亚却一意孤行，认为自己才是业界的龙头老大，根本没有必要做出任何改变，依然坚持做键盘手机，结果一下子被苹果超越。更致命的是落后的经营和设计理念使得诺基亚迅速失去市场，从此一蹶不振，最终面临破产倒闭的风险。

而反观夏奈尔，它之所以能够成功并一直存活下去，很重要的一点就是能够站在客户的角度来想问题，能够根据客户的实际需要做出改变。在夏奈尔的服装问世之前，那些高档服装品牌的设计师总是让别人来配合自己的设计，设计师是绝对的主角，客户的需求完全取决于他们是怎么设计的。可是可可·夏奈尔却从爱情中获得灵感，主动转变设计方式。她觉得设计师应该成为一个被动制造的人，而客户才应该是主体，因为他们才是最终的消费群体，所以她为客户提供了更多自由选择的权利。这样一种不同于传统的经营模式，看上去非常冒险，但实施之后很快赢得了大众的欢心。大家纷纷找到夏奈尔，要求为自己量身定做衣服，夏奈尔公司一下子就为自己争取到大量客户，从而树立了品牌，也打开了市场。

由此可见，一个企业应该主动求新求变，这种求新求变不仅仅是技术和管理上的，更重要的是对于环境的敏锐感应，要懂得时刻掌握客户的信息，了解客户的消费需求和消费思维，这样才能对症下药，才能时刻把握客户的实际需要。一个为客户而改变自己的企业，往往能够招揽更多的客户，开拓更大的市场，而且能够适应瞬息万变的竞争环境，在激烈的竞争中生存下来。

马云也深知这样的经营道理，所以他所做的每一件事、阿里巴巴所经营的每一项业务实际上都是围绕客户的实际需求来进行的。比如一开始，阿里巴巴的定位就是从中小型企业入手，一方面是因为这些企业是电子商务空缺，另一方面，这些小企业也需要阿里巴巴这样的合作伙伴，所以双方一拍即合。但是成功合作后的马云并没有一味求稳，也并没有因为自己足够强大了而忽视市场的呼声，忽视客户的利益诉求。

马云创立淘宝网的时候，发现该系统缺乏一个完整的支付系统，客户在支付的时候需要通过银行，这样很不方便，而且增加了成本。马云深思熟虑之后，决定为淘宝网量身打造一个支付系统，这就是后来的支付宝。这一下淘宝网的运行变得更加顺畅了，可是不久，马云发现很多客户在购买东西之后，还要通过第三方的物流机构来完成交易，这实际上也存在一定的不便，于是他再次做出调整和改变，为淘宝网安装了一个自己的物流系统，取名为“菜鸟”，这样客户的物流成本也大大降低了。正因为马云能够精准地把握市场，时刻获悉客户最需要什么，掌握客户的消费动向，并及时做出改变和调整，阿里巴巴才能够不断发展壮大。

从某种程度来说，我们完全可以认为阿里巴巴的成功就是一种顺应时势的成功，是一种顺应人心的成功。阿里巴巴把客户当成事业的轴心，时刻围绕着他们来转动，为客户而改变自己，这样就等于牢牢地将客户资源掌握在自己手中，从而占领更多的市场。马云曾经说过："淘宝网的主业不应该放在与对手的竞争上，而是把眼睛盯在客户体验上。"

创业者也应该懂得这种经营技巧，应该从阿里巴巴的经营模式中获取经验和灵感，不要总是把自己当成产业链的主体，不要过分看重自己的位置，要知道客户才是一个企业发展的生命线，只有把自己放低了，只有围绕着客户的需求行事，才能够把握好这条生命线，才能够依靠客户生存下去。

麦当劳的创始人克罗克曾经说过："我们做什么，或者不做什么，这都无关紧要，客户在想什么，客户想要什么，这才是最重要的。"如果说企业的目标是发展的战略方向，那么可以说客户是一个企业短期发展的战术型风向标，一个优秀的创业者应该能够及时观察到客户的变化，并及时做出改变，只有这样，创业之路才会变得更加顺畅。

创业者应该学习别人是怎么失败的

所有的创业者都应多花点时间学习别人是怎么失败的，因为成功的原因有千千万万，失败的原因就一两个点，所以我的建议就是少听成功学讲座。真正的成功学是用心感受的，有一天你就是成功者，你讲任何话都是对的。

——马云

现如今，这个世界有各种各样的成功学，每个人都迫不及待地想要从成功者那里学习一些知识，每个人都在寻求成功之道。每个人都只看到了别人成功的一面，却很少有人愿意认真看一看别人是如何失败的。别人为什么会失败，又是因为什么才失败的，这些问题往往会被大家忽略。但是，这些失败才是成功人士身上最有营养的东西，正是诸多的失败积累，才成就了最后的成功。

别人的成功，我们往往无法去复制，因为能力不同、背景不同、想法不同，所处的环境不同，面对的问题不尽相同，对于机会的把握也不会相同，所以你一味模仿别人，一味抄袭别人的经验和做法，实际上很容易失败。而研究别人失败的原因，则能够指出每个人身上的不足之处，能够让我们设身处地地去想一想自己会不会那样，准确了解自己该做什么不该做什么，这样能够让我们少走很多弯路，我们还可以从别人的失败中获得更多的警示。事实上，每个人的成功原因都是不一样的，而且原因往往很多，你很难去一一把握。但是反过来，失败的原因往往要少得多，而且大多数人失败的原因其实都是差不多的。只要了解了别人是如何失败的，就可以很好地引导自己的行为，避免去犯失败者常犯的错误。

就像史学家一样，相比研究一个朝代是如何兴盛的，他们更愿意去研究一个王朝的覆灭。很多时候，失败所隐含的价值和指导意义实际上要比成功来得更为彻底，来得更为直接，也更有说服力。

马云在成功之前，也非常喜欢那些成功学，认为那些东西对自己、对员工都有很好的指导作用，于是常常带着员工去听讲座，学习那些成功学知识。可是一次两次还可以，次数频繁了，自己和员工反而迷糊了。这时候，听的东西多了，反而抓不住一个重点，不知道自己怎样做才会取得成功。马云很快便意识到成功学只能作为一种人生激励，绝对不能用来借鉴经验，更不能用来做战略性支持。

他告诫所有人说一定不要将那些成功人士尤其是所谓常胜将军放在重要位置，而应该将那些失败者放在首位，因为只有经历过失败的人，才更能体会什么叫作成功，只有失败过的人才知道怎样去获得成功，了解失败者就等于掌握了成功的窍门。为此，他曾经亲自为几千名青年讲述自己早年创业失败的经历，因为他觉得自己的失败经历实际上更具有教育意义，对青年人也更加适合。这样一来，大家就能够从失败中看到那些本能够避免的问题。

印度诗人泰戈尔说过一句很有哲理的话："当你把所有的错误都关在门外，真理也就被拒绝了。"在寻求经验的时候，我们往往会自觉不自觉地过滤掉所有的负面信息，对别人的失败经历不闻不问，一门心思打探那些成功之道。可事实上，那些犯下的错误、那些经历过的失败才是富含真理的东西。你把那些有营养的东西丢掉，转而追求形式主义的成功学，实际上根本不可能有太大的收获。

心理学家也认为，当学习别人的成功经历时，听众更多的反应是被激励了，也就是说常常会陷入一种感性和盲目状态之中；但是接受一些消极的悲观的失败信息后，整个人会更加理性一些，看待问题和分析问题也能更加客观、深入。由此可以得出，我们从别人的失败经历中所获得的价值可能远远高于成功学带来的短暂刺激。

美国有个叫罗伯特的青年，他在几年时间里收集了七万多件失败产品，然后创办了一个失败产品展览室，并在每件产品下方配上了言简意赅的失败理由，结果很多人慕名前来，并从中获得启发。我们在日常生活中就需要养成这种学习别人失败经验的习惯，从别人失败的东西中，你可以寻找问题，获得启发。比如美国有很多被称为垃圾发明者的发明家，这些人常常从垃圾堆中收集别人失败的发明，或者某些不合理的发明，然后拿回去自己研究。实际上他们要做的工作很简单，就是寻找失败的地方，然后寻求解决的方法。也许很多人认为他们在剽窃，但事实上，他们最后的产品往往是非常成功的。

失败是一面镜子，可以照出别人的不足，也可以照出自己的不足，经常照照镜子，就能够不断完善自我、提高自我，从而避免一些不必要的错误。这样一来，人生也可以少走很多弯路。年轻人应该把别人当成自己的老师，要善于从别人的失败经历中挖掘一些有用的生活信息，懂得接受别人失败的教训，从而避免犯同样的错误。你遭遇和学习的失败经历越多，你对失败的体会就越深，对于失败的控制和回避能力也就越出色，自然成功的机会也就越大。

只有被狠狠 PK 过，才会有出息

金庸小说里讲到有些顶尖高手是寂寞的，如独孤求败，以前看，我觉得不能理解。现在我明白了，没有对手，就没有发展的动力，没有创新的源泉。

——马云

有人说："对手永远是自己的一面镜子。"因此想要超越自己，就要先和镜子中的那个对手相较量，不去和对手竞争，永远不知道自己的实力有多大，不知道对手的实力有多大，也不知道社会竞争的强度有多大。所以一个人、一个企业只有在社会大环境中和别人竞争，只有懂得接受各种高挑战，才能够试一试社会的深浅，才能够帮助自己更好地成长壮大起来。

每一个企业都要为自己寻找一个强大的对手，三星公司就是通过不断的挑战和竞争才成长起来的。它一开始的竞争对手是韩国国内的电子大户 LG、艾利和现代，结果三星经过磨炼很快从本土中突围出来。这时候，三星又遭遇了日本的索尼公司，由于索尼公司实力强劲，三星公司长时间活在索尼的阴影之下。但是在和对手竞争期间，三星迅速成长，并最终压制了索尼。而随着触屏手机的发展，苹果公司成为世界上最大的电子公司，而三星也不放弃，主动和苹果相抗衡，最终从苹果公司那里瓜分到了广阔的市场。2013 年，它的营业总额和市场份额更是超过了苹果公司。

很多人在开始创业的时候，会选择避让竞争对手，会担心自己的企业被对手吃掉。因为总是想方设法退缩和避让，结果业务范围越做越小，市场也被压缩得越来越小。应该主动去适应竞争环境，要懂得为自己寻找一个合适的对手，通过竞争来磨炼自己，提高自己的竞争能力。

阿里巴巴从创业时的小规模开始，一直不断和各种对手进行竞争，不断迎接各种挑战。力量小的时候，它和国内的同行竞争，结果在艰难的环境中存活下来，并且日益壮大。后来阿里巴巴成立了淘宝网，说白了就是要和 eBay、雅虎等国际巨头竞争，当时很多人都认为马云脑子不够清醒，因为 eBay 是当时世界最大的电子商务公司，市值 7 亿美元，淘宝和它斗无疑是鸡蛋碰石头，蚍蜉撼大树。可是淘宝还是诞生了，虽然一开始 eBay 公司似乎完全看不见淘宝，但是淘宝网很快便使用了免费的“杀招”，马云下令 3 年免收服务费。这一举动被 eBay 看成是傻瓜举动，它认为双方的战斗将在 18 个月内结束。可是淘宝利用这一举措很快就突破了 eBay 的封锁，并且迅速壮大起来，并最终一举超越 eBay。

经过几年的 PK，那些曾经最大的竞争对手都被阿里巴巴征服了，雅虎中国被阿里巴巴收购，eBay 则被淘宝远远甩在了身后。马云曾经自豪地说：“望远镜里找不到对手。”尽管很多对手不服气。事实就是这样，阿里巴巴已经一骑绝尘了，至少在国内市场是这样。但是马云认为自己并没有到松口气的时候，他觉得阿里巴巴应该继续和别人竞争，不能重蹈 eBay 公司的覆辙，所以阿里巴巴还要继续在 PK 中去成长。

说到竞争，很多年以前，阿里巴巴就有上市计划了，那么为什么要上市？为什么要走向国际呢？阿里巴巴就是要勇敢地接受其他电子商务巨头的挑战，就是要和国际上各种对手掰手腕，这样才能够进一步提高自己，才能够更好地生存下去。

马云长期以来都在替阿里巴巴寻找对手，因为他明白想要获得生存和发展的方法，最好最直接的方法就是和对手竞争，就是在竞争中提高自己的适应能力、应变能力。就像一个表演者一样，如果他害怕站到舞台上，害怕和其他人演对手戏，害怕接受别人的挑战，那么他就永远也上不了台面，永远也成不了舞台上的主角。

实力往往是在竞争中得到提高的，机会往往要在竞争中去把握，一个喜欢竞争、敢于接受各种挑战的人，往往会更接近成功。竞争实际上也是一种非常好的磨炼方式，有句歌词唱得好："不经历风雨，怎么见彩虹？"人生需要接受风雨的考验，需要接受社会的历练，每次经历都是一次自我成熟成长的机会。因此对于创业者来说，你的对手就是你最好的导师，你的每一次竞争就是最好的锻炼机会。如果你逃避自己的对手、逃避每一次挑战，那么也就错过了最好的成长机会。

很多科学家说鲨鱼之所以可怕，不在于它的体型，不在于它的利齿，因为比它大的动物有很多，比它牙齿更锋利的鱼也有很多，而在于它们天生的杀手本能。据说鲨鱼在母体内就开始互相蚕食，可以说兄弟姐妹一开始就是竞争对手，正因为从小就在竞争中长大，所以鲨鱼才能够始终处在海洋食物链的最顶端。人也应该如此，从小就要有竞争意识，要懂得主动融入到竞争环境中去，尤其是对创业者来说，想要把事业做好、做大、做强，就一定要和那些最强大的对手过招，要和那些社会精英交手，只有这样你才能学习更多的东西，才能得到更多的锻炼。

康熙晚年的时候，曾经宴请一批阶下之囚，这些人曾经都是康熙的死敌，但是康熙在宴会上却真诚地向犯人举杯。大家都觉得不妥，康熙却感慨说，如果没有这些敌人，自己也无法成就帝国大业。在这里康熙实际上就已经意识到自己的成功和对手不无关系。你的对手会给你带来压力，带来风险，带来阻碍和困难，还会为你制造各种各样的麻烦，表面上看起来是在阻碍你走向成功，但实际上却加速了你的成长，成为你成功路上的助推器。

年轻人在创业的时候，一定要记住一句话：成功，有你的一半，也有对手的一半。所以年轻人一定要懂得去接受挑战，勇敢应对各种挑战，你身上的每一道伤疤都会成为荣耀，你的每一次经历都在成就梦想。

第七堂

成不成功在于战略：一件事有四成把握就去做

/ 第一个想法是做好，而不是做大

/ 小公司的战略就是活着

/ 不是打败所有对手，而是形成独特优势

/ 标新立异，永远不做大多数

/ 不要贪多，做精做透很重要

/ 找最适合自己的项目，而不是找最赚钱的项目

/ 最优秀的模式往往是最简单的东西

/ 永远不要让资本说话，要让资本赚钱

第一个想法是做好，而不是做大

每个成长型企业都会碰到成长中的痛苦，几乎所有以销售为导向的企业都会遇到先求生存后求发展的问题。一旦生存好了就忘了自己是为了生存，初创企业都希望迅速做大做强，但生存下来的第一个想法是做好而不是做大，这是我们多年走下来的经验。

——马云

很多人在追求理想的时候，常常会想着干一件大事，想着把自己的事业做大，但是从发展的进程来说，我们应该一步一个脚印走，做事情应该脚踏实地，首先应该做的就是把手头的工作做好做精，也就是说让自己的工作更加出彩。只有把自己的工作做好了，才会有立足之地，才能够有生存和发展的空间，这样才能谋求未来。

创业者常常动不动就想干大事，动不动就想着成为行业巨头，拥有这种想法很好，但是我们很容易因此变得眼高手低。因为一旦认为自己是干大事的，往往就会忽略身边的小事，就会错过那些生活细节。中国古代有个心怀大志的读书人，每天都在谋划干一番惊天动地的事，可是却从来不知道清扫屋子。有人就问他为什么连自己的屋子也不清扫干净，读书人高傲地说自己是干大事的人，怎么能为这样的小事浪费时间和精力呢？来人就反问他："一屋不扫，何以扫天下？"读书人羞愧不已。

这个社会上多的就是这种读书人，眼光很高，理想也很大，可是连一件小事也做不好，也不愿意去做。其实任何一件大事都要从小事做起，只有把每一件小事做好了，才能够做成大事。相反的，如果一个人连小事也不愿意做，连小事也做不好，又何来机会去做成大事呢？

马云说过："不想当将军的士兵不是好士兵，但是一个当不好士兵的将军一定不是好将军。"每个士兵都想当将军，但是首先要做的就是当好一个士兵，要做到一个士兵应该做的一切，而且还要努力做到最好。一个企业在制订发展规划时，首先也应该是做好，而不是做大，因为只有做好才能够从行业中脱颖而出，才能慢慢发展起来。

阿里巴巴在成长过程中，也并不是盲目求大的，马云深知自己的实力和对手相比，差距很大。因此公司最先要做的就是把分内的业务做好，努力生存下去，然后寻求发展和壮大。阿里巴巴的目标是"让天下没有难做的生意"，其实这就是一种"好"的表现，当你努力去做好自己的生意时，你才有机会不断去发展。

正因为如此，阿里巴巴一开始选择的业务是 B2B，而不是全面发展、盲目扩张。马云坚信做好这项业务就可以让阿里巴巴获得成长的空间。通过几年的酝酿发展，阿里巴巴已经将该业务做得炉火纯青了，就连很多国际巨头也不得不承认阿里巴巴的 B2B 业务是典范，至少在这个业务范围内，阿里巴巴找不到任何对手。这时候马云才开始想办法拓展其他业务，于是阿里巴巴集团出现了 B2C、C2C 业务，阿里巴巴开始做大做强。

阿里巴巴由点到面的策略正彰显了马云的智慧，可见阿里巴巴并不是盲目求大的，而是先从“做好”开始，一步步变得更加强大。即便到了现在，为了和对手竞争，阿里巴巴仍不断给予客户更多的实惠，而它的目标就是保证自己的服务态度是同行业中最好的、诚信度是最高的、体系是最完善的、产品是最有保障的。阿里巴巴坚信服务做好了，业务做精了，市场自然就会不断扩大。

从阿里巴巴的发展史可知，创业者不要总是盯着大目标不放，更不能把战略目标当成战术思想来执行，其实把战术思想贯彻执行好了，战略目标才更容易实现。也就是说要把握眼前的每一个工作，生活中的每一个细节。只有将细节处理好了，将小事全部做到完美，发展的机会才会增多。不仅仅是阿里巴巴，其实很多大公司、大品牌一开始也是走“把握细节”的发展道路。

乔治·阿玛尼原先只是一个设计师，1975 年他和别人合资开了一家服装店，阿玛尼注重面料和设计，每一道工序都精益求精，结果受到了大批消费者的欢迎，而阿玛尼也迅速成为最有魅力的品牌。麦当劳最初也只是一个小店面，但是它的服务态度是一流的；在追求速度、便捷和美味上，它也做到了极致。正因为如此，依靠良好的业务和口碑，它迅速扩张，很快成为全球快餐业的巨头。

其实无论做什么，都是一样，只有做好了，才有机会做大；只有做精了，才有机会做强。所以做事之前最应该关注的不是自己能够占领多大的市场，而是把自己的业务做得多出色。现如今很多企业盲目求大，总是认为自己的规模越大，资本越充裕，就越能够主宰市场，所以常常会不计代价地扩张。可事实上，他们的产品根本没有任何竞争优势，他们把产品线拉得越长，把市场扩展得越大，风险也就越高，自己所要承受的压力也就越大，这样的企业往往难以长久发展下去。

优秀的创业者首先应该为自己的事业打好基础，这个基础就是好的产品、好的服务、好的体系，只有各个方面都做到精致，各个细节都能够准确把握，才能增强自己的竞争力和生存力，才能够面对和承受各种风险。所以年轻的创业者一定要懂得去把握这一规划原则，要懂得更为合理地去谋求发展，要明白只有把自己的工作做好、做完美，才有机会去将事业做大做强。

小公司的战略就是活着

战略有很多意义，小公司的战略简单一点，就是活着，活着最重要。

——马云

经济学家说市场竞争永远没有公平可言，这种不公平往往体现在实力上。比如大公司拥有更多的资源和优势，而小公司往往处在市场竞争的最底层，它们面临着一大堆问题，如缺乏足够的资源、技术落后、产量不足、资本不足、人力资源不足、缺乏竞争优势、缺乏吸引力和影响力、品牌知名度不够，等等。正因为如此，大公司的战略目标往往是发展——扩大——再发展，而小公司所面临的困境和压力往往是最大的，所以想法更加切合实际一些，它们在竞争市场上最先要考虑的就是生存，简单直白地说就是想办法让自己存活下去，不要被市场淘汰，不要被竞争对手吞并和排挤掉。

有人会说小公司其实也可以以弱胜强，小公司也可以具备大公司那样的野心，也可以想办法在市场上闹出大动静。小公司当然也会有大梦想，小公司当然也可能会成长为大公司，甚至是国际巨头，而且任何一家大公司都是从小公司慢慢发展起来的，但是创业者不要忘了这个时代，实力往往决定了一切，对于企业来说更是如此。小公司想要突围，但是想要突围的又何止是小公司呢，人人都想要出头和发展，就势必要和你竞争，势必要相互排挤。另外，大公司也会想尽办法来吞并小公司，因为它们永远都想成为市场的主宰者，所以小公司面临的危机很多，生存空间很小，生存压力则很大。

小公司有机会成为大公司，但是任何一家小公司想要成为大公司，首先都要从困境中存活下来。那些今天最伟大的公司也是这样，它们也曾经为生存难题所困扰，也曾经受到众人的排挤，也曾在大公司的压力下提心吊胆地过日子。每一年都有很多小公司开张，每一年又有同样多的小公司倒闭，能够走上发展和壮大之路的公司毕竟寥寥无几。所以每个创业者都应该摆正心态，要着眼于现实，对于小公司小企业来说，活下去才是最重要的任务，能够活下去就是最成功的。

很多人会对马云提出质疑，阿里巴巴当初不也是一个一穷二白的小公司吗？为什么那时候的马云就能信心满满地承诺将来会成为最大的电子商务公司呢？事实上阿里巴巴成立的时候，目标的确很高远，但是谁都明白当时阿里巴巴所面临的形势不可能那样乐观，包括马云自己其实也在为阿里巴巴的生存而担忧。那时候生存才是第一要务，为了生存，他不得不四处筹钱，不得不四处省钱；为了生存下去，他带领所有员工艰苦奋战数年；为了生存下去，他咬牙渡过各种困境。

为了阿里巴巴能够生存下去，他选择了竞争压力最小的B2B业务，从而避开了那些国际巨头的围剿。为了让淘宝网生存下去，他曾经三年免收服务费，为的就是让淘宝能够被千万用户认可和接受。很多人因此会认为马云是聪明人，是一个具有战略眼光的智者，但是马云却认为自己只是个平凡人，他所做的一切都是出于本能，就是生存下去的本能。什么有利于阿里巴巴生存下去，他就必须硬着头皮去做什么。在那样的困难时刻，马云心里并没有什么过多的想法，就是咬牙坚持下去，就是要想办法渡过难关。

有人会认为生存只是创业的一个最基本的要求而已，这根本就算不上什么战略。其实最基本的东西往往最重要，你总是想着做成大事业，总是把目光盯在如何把事业做大、把市场扩大这些大计划上，却忽略了那些最基本的生存需求，这样自然难以发展下去。事实上，活着就是所有小企业最为迫切的需求，也是最切合实际的战略布局。因为相对于大中型企业的竞争优势而言，小公司的生存根本没有任何保障，因此你要为自己的生存打好基础。

星星之火，可以燎原，但是星星之火也是最容易熄灭的，在风雨飘摇的竞争环境中，如果你无法保护好这点滴星火，那么很快它就会被狂风骤雨熄灭，你最后的理想和目标实际上都会成为空谈。所以对于中小型公司来说，活着就代表了一切，活着就意味着走出了成功的第一步，而且也是最重要的一步。

其实这就像是一个生活落魄、食不果腹的穷人一样，如果连自己的温饱都没有办法解决，连自己是否可以存活下去都成了问题，却还要去追求那些虚无的精神享受，还要大谈社会理想和人生志向，这就是典型的不合时宜了。所以小公司应该做的就是那些迫在眉睫的事，解决那些威胁最大的问题，最该关注的应该是那些漏洞最大、防御能力最薄弱的地方。只有先把眼前最需要解决的困难解决了，才能谋求后招，才能想着去发展。

年轻的创业者需要保持冷静和理智，需要着眼于当下，需要认真看清楚自己最缺少什么，自己最需要什么，需要弄清楚现阶段自己最该做些什么。那些远大的理想固然重要，但其实最大的问题就在眼前，那就是企业的生存状况。这是任何一个新兴公司和小公司都需要面对的最现实的问题，生存是一切的根本，只有先安顿好根本，才能去谋求发展。如果眼光看得很远，而不注重巩固自己的根本，那么你越希望自己走得更远，所走的路程反而越短。

所以创业的时候，一定要想办法让自己存活下去，因为活着，就是最大的成功，活着你才能把握一切。

不是打败所有对手，而是形成独特优势

造就一个优秀的企业，并不是要打败所有的对手，而是形成自身独特的竞争优势，建立自己的团队、机制、文化。我可能再干五年、十年，但最终肯定要离开。离开之前，我会把阿里巴巴、淘宝独特的竞争优势、企业成长机制建立起来，到时候，有没有马云已并不重要。

——马云

有个企业家说：“一个成熟的企业不会斤斤计较于市场上一时的得失，而会更加注重企业文化的锻造和品牌的宣扬。”这就像一个武

林高手一样，武功练到一定的境界，就不会总是想着和别人动手了，不会想着争霸武林，争什么天下第一了。他不再需要依靠别人来证明什么，他需要树立个人的形象，需要去超越自己，需要给自己一个准确的定位，或者说他需要为自己打造一张名片，别人一提起这个名字，就会知道有这么一号人。

每个优秀的企业家都应该有这样的觉悟，单纯的创业并不仅仅是为了和别人比，并不是为了将所有人都比下去，好的企业应该看重自己，而不是把别人作为参照物，不是用别人来衡量自己的成就。其实你比别人强并不代表什么，关键是要建立自己的企业系统，你的管理机制、企业文化、品牌影响力、核心竞争力，这些才是一个企业最需要也是最重要的名片。

很多企业都喜欢盲目扩大，喜欢搞兼并，喜欢成为行业中的巨无霸，喜欢成为世界第一。但是这样的企业往往缺乏内涵，没有好的机制、体系，没有好的企业文化，没有好的管理，没有良性的发展规划，可以说是腹内空空，即便发展得再大，即便将所有同行都比下去了，还是缺乏坚实的生存基础。

对任何企业来说，竞争都是不可避免的，但是随着自身的发展，企业的战略方向应该有一些调整，那就是扩大自己的影响力和独特的优势。从单纯的竞争到看重自己的独特优势，这是一种进步，是成熟的一种表现，也是一种战略上的良性变化，一个成熟的企业应该接受这种转变，也应该主动去做出这样的改变。

阿里巴巴曾经为了生存，也是想办法和其他竞争对手死磕到底。那时候的阿里巴巴不得不想办法开疆辟土，那时候的马云不得不努力和所有的对手相抗衡。但是随着阿里巴巴的发展壮大，马云意识到了阿里巴巴所缺的东西，那就是属于自己的独特优势，或者说是核心竞争力。就像苹果公司的独特优势在于创新一样，阿里巴巴也需要找到自己独特的优势，要像其他伟大的公司一样，依靠这种优势来树立自己的品牌形象，当然这种优势往往需要建立在整个企业的发展机制之上。

现如今，很多人一提起阿里巴巴，就会想起它是 B2B 的典范，其实这就是一种影响力和品牌文化，至少这样的影响力在同行业中是首屈一指的。当然这还远远不够，至少从目前来看，阿里巴巴依然被烙上马云的痕迹，但是脱离了马云，阿里巴巴是否还能够独立走下去呢？这或许是个未知数，所以马云迫切地想要让阿里巴巴建立起自己的企业机制和企业文化，必须拥有一个最具魅力的品牌，这些才是公司最需要的东西。就像可口可乐公司一样，换了任何一个领导者，它依然做得出色，它依然被人称为可口可乐公司，而这就是马云最希望看到的。

马云说他拿着望远镜也找不到对手，这并不是他狂妄，也许在他心中自己根本就没有对手了，阿里巴巴不再是为了打败 eBay、雅虎、亚马逊等竞争对手而存在了。他不想和任何人比，只想做好自己，只要把自己做好了，只要确立起自己的发展方向和个性，那么无论在什么样的环境下，无论是谁在领导阿里巴巴，它都不会轻易被击垮。

很多人认为阿里巴巴如今很强大了，难逢对手，但是马云认为这个世界上没有哪个人是不会被打败的，今天你打败了所有人，明天别人也会上门来打败你，这是一种循环现象，谁也逃不脱这样的循环。但是一个优秀的创业者不应该走进这样的循环中去，而应该打造属于自己的品牌，要建立起自己的优势，这才是最重要的，这才是一个企业能够生存下去的基础。马云需要树立起自己的牌子，有特色的产品，有特色的服务，有特色的价值观体系，有特色的企业文化，让所有客户一说起阿里巴巴，就能够体会到“阿里巴巴”这四个字背后的文化内涵，这些内涵才是最大的竞争力，才是一个企业的标志，才是一个企业能够长久存活、发展下去的关键。

其实，那些世界上最伟大的公司，它们从来都没有真正击败过所有对手，从来没有想过要将所有对手全部踩在脚下。它们更为看重的是建立起自己的品牌优势，只有这样，它们才能够获得长远的发展机会。所以很多时候，我们一想到它们的企业文化，一提到它们的品牌，一说起它们的产品，就会很自然地认定那些都是世界上最好的东西，实际上这些东西比企业的地位、规模、收益更加深入人心，尤其是深入消费者的心。

作为一个老牌的汽车品牌，劳斯莱斯和其他品牌车相比，营业额和年利润实在少得可怜，根本就没有办法和其他品牌车相抗衡。但是它代表了尊贵的地位和无与伦比的气质，代表了汽车中的豪门贵族。这个品牌显示了一种档次、一种韵味，对于消费者来说，大家都愿意拥有一辆劳斯莱斯。这就是劳斯莱斯的独特优势和魅力，是它一百年来积淀下来的文化内涵，无论它的发展情况如何，它始终都会成为消费者的最爱。

所以年轻人在创业的时候，不能够始终都把目光放在别人身上，总是用别人来做参考、来做对比，因为这样很容易迷失自己。一个好的创业者最应该做的就是打造属于自己的品牌，要让自己的企业富有独特的魅力和底蕴，要具备独特的竞争优势，只有这样，企业才会长久发展下去。

标新立异，永远不做大多数

一个项目，一个想法，如果不够独特的话，很难吸引别人。

——马云

什么才是成功人士，成功人士往往分为两种人，第一种就是当所有人都在做某一件事时，唯独他获得了最后的成功；第二种则是当别人都在做某一件事时，他选择了做其他的事来获得成功。前者往往很少，因为想要木秀于林，不仅需要绝对的实力，还要有运气，而后者就相对轻松一些，因为这是一种巧劲，选择了用不同的方式去收获成功。

人人都想成功，但是想要将众多竞争者都比下去，没有绝对的天赋是不可能的。而如果你愿意选择其他的道路，情况相对就会好一些。也就是说你要懂得标新立异，要采用别人不习惯采用的方法去尝试，要用大家都不习惯的思维去思考，用绝大多数人都不会想到的方式解决问题。也许很多人会觉得你这是在犯迷糊，但事实上，很多成功人士都是不走寻常路的人，很多创业成功者就是这种人。

比如人们都认为和尚不用梳头，所以向他们卖不出梳子，有人却偏偏要去庙里卖梳子，觉得可以用来当作纪念品，可以梳掉三千烦恼丝，结果梳子在和尚那里非常畅销。很多人认为非洲人不穿鞋，不需要鞋，所以不愿意去那儿建造鞋厂，但是有的聪明的制鞋公司却能够反其道而行。他们觉得没有人做，就代表市场广阔，最终他们获得了成功。瑞典是有名的机械表制造中心，但是一家瑞典公司偏偏要做别人都不愿意去做的电子表，他觉得电子表更为实用简便，一定会受到欢迎的，只不过大家都没有突破传统的消费观念，所以没人愿意尝试，最后他成功开辟了瑞典的电子表市场，并走向国际市场。

这就是创业，这就是创新，有人觉得很冒险，有人觉得很可笑，但这就是大家忽略后容易造成的真空地带，而这个真空地带就是你的商机。很多时候，对于绝大多数人都不愿意去做的事情，我们常常会认为不值得去做，或者认定了这件事不适合去做。却没有认真想过一个问题，既然大家都不关注这件事，证明你的竞争对手很少，而市场却很广阔，这就是最大的商机。其实当别人都在做同样一件事，都在选择同一种方法做事时，你成功的机会实际上已经很小了，而且你也不一定能够比别人做得更好。相反的，你做那些不同寻常的事情，努力成为第一个吃螃蟹的人，那么也许就有机会带动一股风潮，成为新的引领者。

我们应该明白一点：大众思维不一定正确，真理往往也不是掌握在大多数人手里，至少大众化的东西往往是缺乏特色的东西，因此想要寻求突破会非常困难。做人有时候要懂得标新立异，要懂得走和其他人不一样的道路，要选择和大众不一样的方法。你跟随大多数人去走，最终只会成为大多数中的一员；如果你拥有自己的路子，拥有自己独特的方式，那么你的成功很可能也是唯一的。

当大家都不看好互联网时，马云偏偏走上了互联网的创业道路；当绝大多数电子商务公司都在为全世界最有名的跨国公司服务时，马云把目光转向了被人忽视的中小型企业；当所有人都在想方设法从别人手中套利时，马云却要求淘宝做三年的免费服务；当阿里巴巴上市一次次被提上议程时，马云却一日一日往后推。

马云所走的每一步看上去都很另类、很惊险，但往往却是最能创造机会的一步。可以说马云走出了属于自己的风格，走出了属于自己的成功。他常常说一个优秀的领导者、一个 CEO 是孤独的，至少马云自己是这样觉得。因为一个企业往往只有一个这样的领导者，他必须是不同于众人的、不同于员工的，他的想法和做法必须别出心裁，独具匠心。正因为这样，马云利用独特的方法获得了成功，同时也将阿里巴巴打造成了具有鲜明特色的企业。

在马云看来，无论做什么，都要做出自己的特色，尤其是小企业小公司一定要走出自己的特色之路，不能跟随别人亦步亦趋，和大家一样泯然于众人。很多人会认为只要用心去做，就可以获得成功，但事实上做同样一件事，别人很可能比你先做，比你经验更丰富，比你更具有优势，而且也比你更勤奋，那么你的优势根本就不存在。其实最好的方法就是选择一条别人没有走过或者很少有人愿意去走的路，这样才有可能获得成功的机会。

很多人常常会按照“人无我有，人有我优”的原则行事，就是为了做到与众不同，将自己和其他人区分开来，这样才能寻求突破。试想一下，如果你的东西没有什么特色，你有的别人也有，而且别人还要比你的更多更好，那么实际上你就没有半点竞争优势。但是如果你拥有别人没有的东西，或者说你的东西明显要比其他人的高出一截，那么物以稀为贵，你所拥有的东西会创造很大的价值，也能够开辟广阔的市场空间。

年轻的创业者应该明白，越是大家看好的东西，越是没有可能属于你，所以你也用不着费尽心机去打那样的算盘。现如今做生意越来越难，竞争对手越来越多，而资源则越来越少，一些好的项目早就被人抢先了，等到你去做，实际上连残羹冷炙可能也捞不到。这时候选择一个与众不同的方案就显得尤为重要，要么就做别人从未做过的事情，要么就做出独一无二的产品，或者选择前所未有的服务方式来吸引大众的眼球。你的东西越是新颖，越是特异，就越有可能率先占领大片市场。

不要贪多，做精做透很重要

要少开店，开好店，店不在于多，而在于精。

——马云

很多企业家喜欢追求数量上的优势，市场越大越好，产品越多越好，生产线越宽越好，他们总觉得多就代表了成功，就代表了实力，代表了能够盈利，但是盲目贪多，往往会带来一系列的困扰，最显著的一点就是质量不过关，因为产品一多，工序一多，生产压力就会增加，专注度反而会分散，从而容易出现失误。比如富士康曾经为苹果制造大批量的某零部件，结果因为数量太大，赶工不及时，以至于产品的不合格率高达 40% 左右，富士康最终支付了巨额的赔款。

除了对产品数量上的追求之外，如今多元化的企业发展战略也越来越受到企业家的欢迎，比如很多企业原本可能只是做家电的，但却做起了房地产，做起了手机和电脑，做起了服装。表面上看，公司的业务范围和经营范围不断扩大，收入来源也在增加，可事实上公司的资金、人员、技术、精力都是有一定限度的，你难以做到面面俱到，很可能每项业务都马马虎虎，你想要四面开花，最后很可能四面都开不了花。如果能够集中精力将某一项业务做精做好，反而会提高自身的竞争力。

其实无论做什么事，都不能贪多，多了不一定都是好事，最重要的还是要做精做透，要严格把好质量关，因为质量决定了产品的价值，决定了服务的价值，质量没有保证，那么即便生产再多的东西也是无用。可口可乐一辈子都只在做饮料，苹果公司只做电子产品，麦当劳只做快餐，沃尔玛只做零售，这些企业看上去都很单调，但是它们的每一件产品都是经得起考验的，正是因为它们将自己的产品做到了精致的地步，所以才能成为国际级的大企业，我们甚至不能想象，这些公司某一天去搞房地产，去做其他业务，会是什么样子。

俗话说贵精不贵多，因为多数东西的价值都体现在精而不是多上，一个好的企业，一个优秀的企业家应该把握“精”这个度，应该将自己打造成为一家精品公司。就像开饭店一样，每家饭店都应该把菜做得精致美味，哪怕只有一两道这样的好菜，客人也会蜂拥而来。相反，如果没有一道菜是好吃的，那么即便你的菜式非常丰富，到头来还是没人来光顾。

马云曾经讲过：“做战略最忌讳的是面面俱到，一定要记住重点突破，所有的资源在一点突破，才有可能赢。”所谓的一点突破其实就是集中精力来干好某件事，就是整合所有的资源将某一件事做精做细。马云非常钦佩乔布斯，因为乔布斯一旦认准某个产品，就会动用全部的力量去做好它，所以才有了 iPhone 和 iPad 的横空出世，而这些给苹果公司带来的效益就是直接让苹果公司成为了电子产品的龙头老大。

在经营和管理阿里巴巴的时候，马云也坚持求精策略，尽力将某一个业务做好，而不是盲目做多和做大。因为哪怕是做互联网，产品的质量也很重要，质量就是企业的生命线，一旦质量出现了问题，那么客户的忠诚度就会受到影响，市场也会受到破坏。

马云常常告诫自己的员工，不可能每个人都在用阿里巴巴的服务，不可能都在用阿里巴巴的产品，所以阿里巴巴没有必要什么都做，只要将那些被客户需要的业务做好做精就行。

2011 年，阿里巴巴中的一百多位员工为一些产品质量不过关的卖家做认证，结果引发客户的信任危机。马云知道后非常生气，毕竟这影响到了公司的诚信问题，同时他也意识到一个严峻的问题。其实这些员工之所以会犯错就在于没有经过严格的培训，因为随着业务的扩大，阿里巴巴的人手出现了短缺，很多员工仓促上岗，而且这些人也盲目地追求业务量，而不重视业务的质量。所以最后人虽然多了，业务也更加广泛了，可是工作却不够精细，这样直接影响了办事效率。所以马云后来严格要求员工，不要盲目扩招，更不能盲目追求业务量，要把质量当成工作的重中之重。

其实很多时候，我们都会犯类似的错误，都会认为多就是好，容易追求各种各样的数量优势，更容易被诱惑。但事实上，做精细了往往才是最重要的，尤其是对一些小公司小企业来说，把质量提上去才是生存的根本。事实上，国内就有很多百年老字号，这些企业或者店面实际上根本不多，也许整个国家也才只有几家分店，很多人会疑惑，既然是老字号，那么为什么不多开一些分店？这样不仅能够服务大众，也能够挣到更多的钱。可是很多人也许没有想过，一旦店面越开越多，老字号也就失去了自身的魅力，一方面是物以稀为贵，多了就会失去神秘感和历史感。另外一个方面则是质量问题，店面少了，业务可以做得精细，质量有很大的保障，服务也能跟得上去，但是一旦成为连锁型的分店，那么就难以将所有的业务都做到精细了。

美国著名经济学家威尔斯曾经说过：“想要成为一个全球性的大企业很困难，而且也很容易出现各种病态。”他认为那些庞大的跨国公司或者具有垄断性质的托拉斯实际上往往处在一种病态扩张之中，一开始会得到快速发展，但是越到后来就越容易出现问题，其中最常见的就是业务不精。这就像一个国家的君主一样，你不可能将所有的权力都集中在自己手上，不可能将所有的事情都做好，但凡那些特别独裁的君主，往往都难以长久维持统治。一个盲目扩张的垄断性企业往往也是这样，最终会因为吃得太多而消化不良。

所以年轻的创业者应该要懂得克制自己，要改变自己的经营策略，不要盲目求多，不要觉得占有更多的资源就是好事，有时候集中精力全力做好自己手头的工作，全力做好自己的老本行，那就是最实用的生存方法，你将自己的业务做得精细了，才会提升自己的竞争力。

找最适合自己的项目，而不是找最赚钱的项目

项目和人不应该是矛盾的，优秀的项目必须有合适的人，优秀的人也必须有合适的项目，然后再加上合适的时间才能成功。所以我选的时候一定从这个人和这个项目，以及是不是合适的时间、他的团队入手。有时候这个项目很好，人不行，有的时候项目不成熟。

——马云

有人曾经问股神巴菲特，到底什么样的工作才最挣钱，巴菲特打了个太极："对于盖茨来说，搞软件最挣钱，对于斯利姆先生来说，电信是个挣钱的好项目，当然对于我来说，还是炒股最能挣钱。"其实巴菲特说的几个人物正是当年世界上排名前三的富翁，所以他们的工作也被称为最赚钱的项目，可事实上，他们每个人都只是选择了最适合自己的工作来做。所以严格说起来，这个世界上并没有什么项目是最挣钱的，如果非要给出一个答案，那么对任何一个人来说，最适合自己的工作往往就是最赚钱的项目。

最适合自己的才是最挣钱的，其实已经是一句老话了，但事实上很多人未必能够想透这句话。在多数时候，对于多数人而言，他们永远都有一些创业的黄金席位和黄金标准，哪些事是最风光的，哪些工作是最挣钱的，哪些项目是利润最大的，他们往往一清二楚，而且始终都愿意抓住这些"好差事"不放手。

比如对于很多人来说，房地产挣钱，他们就把资金全部投入到房地产中，股市挣钱，他们就把钱全部拿去炒股。但从专业的角度来分析，这其实是一种非常盲目的投资行为，因为你很可能根本就不具备这方面的投资眼光，很可能难以把握市场的行情，也可能对相关的业务一窍不通。你也许完全只是冲着一个金字招牌去的，这样自然不会有太大把握能够挣到什么钱，而既然没有什么把握可以挣到钱，那么为什么还要冒险去做呢？与其这样还不如尽全力去做自己能做的事，去做适合自己的事。

每个人都有自己的欲望，都有非常远大的目标，但是无论什么时候，我们要做最适合自己的事，而不是做那些最想做的事。很多人想要挣钱，想要挣大钱，所以想着去做那些最能挣钱的工作，可是光去想根本没有用，关键要看你适不适合干那份工作，你是否能够干好那份工作，别人也许可以挣到钱，但是你去做就未必会成功。如果不能准确定位自己，不能从自己的实际情况出发，那么即便工作再完美，你可能也难以挣到什么钱。

其实做适合的工作，往往才是真正的挣钱之道，因为这份工作往往最符合你的基本情况，也许符合你的个性，也许能够激发你的创造性，也许刚好对你的胃口，也许能够最大限度发挥你的优势。无论如何，它都可以最大限度地提高你自身的价值，能够让你更好地展示自我。这种发挥的余地其实就能够创造更多的利益，甚至可以使你的利益最大化，所以做适合自己的事情，其实就是最好的挣钱方法，对你而言，这就是最挣钱的项目。

1919 年，Elntst Woodruff 花费 250 万美元巨资从“可口可乐之父”Candler 的继承人手中购买了可口可乐公司，当时很多朋友都认为 Woodruff 疯了，毕竟他可以用这笔钱投资矿山、钢铁、工厂或者股票，而不应该是饮料。Woodruff 笑着说：“其他的东西或许更加挣钱，但是可口可乐公司是最合我胃口的。”结果可口可乐公司很快发扬光大，并很快成为了世界上最受欢迎的饮料，并且一直延续到了今天。

其实，如果当年 Woodruff 没有这种魄力和觉悟，那么他就不可能获得成功，即便他有可能在其他领域获得非凡的成就，但是绝对不可能像经营可口可乐公司这样成功了。很多人认为这是机遇，但事实上这样的机会完全是要靠自己去创造和把握的，是需要自己去做出最合理的抉择的。

如果说成功能有什么捷径的话，那么做自己最适合做的事情，实际上就是在走捷径，这意味着你可能不用再去额外地学习新的技能，你不用去花费太多的时间来了解和适应自己的新工作，你可能不用花费太多精力来寻找各种资源。最适合你的东西往往是能够给你带来最大优势的东西，这种天然的优势实际上就是很有价值的资本，是成功的重要保障，也能够为你带来更多的财富。

马云也是通过这种理念来打造独具特色和竞争力的阿里巴巴的，比如马云当初选择 B2B 业务模式，并不是因为这个模式最能挣钱，而是因为当时的它是最适合阿里巴巴的模式，包括后来的淘宝和支付宝也是如此。一路走来，马云从来没有刻意去模仿别人的成功，也从来不曾羡慕别人获得了怎样的成功，他一直在走自己的路，一直都在寻找最适合自己去走的路。其实好的项目有很多，优秀的点子也有很多，但是最适合阿里巴巴的永远只有一个，而马云最看重的就是这一个。

当 ebay 在 C2C 业务上挣了几亿美元的时候，阿里巴巴还是一个收支不平衡的小企业，可是十几年过去了，阿里巴巴成功登顶，成为了电子商务的老大，这恰恰证明了一句话：最适合自己的，就是最好的，也就是最挣钱的。

有句话说“隔行如隔山”，如果是自己不擅长或者不了解的工作，那么即便你再出色，再有领导能力，也难以轻易做出什么出彩的成绩，至少你要付出的代价会很大。如果能够选择自己最适合的工作来做，那么实际上等于给自己的成功打下了一个坚实的基础，你最后获得成功的机会会大很多，你所能获得的财富也会多很多。

年轻人在创业的时候，要懂得做出选择，要明白这个世界上其实根本没有什么项目是最好的，是最能挣钱的，如果有，那就是最适合你的那些工作。只要你能够做好自己最擅长的事，能够好好利用并发挥自己所拥有的那些优势，那么就可以收获更多的财富。

最优秀的模式往往是最简单的东西

你的模式要单一，简单，会说清楚，不要怕单一别人会拷贝，别人不一定像你一样特别想把这件事情做出来。优秀的公司模式都是单一的，复杂的模式往往会有问题，尤其是刚刚初创。

——马云

说到成功，很多人喜欢寻找成功的法门，喜欢从别人身上寻找一种成功的模式，所以很多时候都在追求好的管理方法，好的企业文化，好的体系，好的经营模式，而且本能地认为别人的东西一定都很有深度，似乎这些东西越复杂越有深度就越好。但事实上，优秀的东西往往很简单，那些看上去最优秀的模式，其实也是一些最简单的东西。

做人不要把问题想得太复杂，也不要把问题弄得太复杂，其实单一的东西往往最具有吸引力，就像卓别林的无声黑白影片一样，人物很单调、色彩很单调，而且没有什么对白和声音，但是观众很容易被它吸引住。相反，如今很多人喜欢把电影画面拍得很美，刻意加入一些深沉有内涵的台词，刻意把人物关系和矛盾冲突弄得很烦琐，其实刚好犯了大忌，因为电影本身也是在讲一件事情，只要把事情说清楚了，把一个好故事说明白了，这就是好电影，反反复复的东西太多，电影的本质就会受到影响。

创业也是一样，你越是要弄一些谁也听不懂、谁也看不懂的怪招，就越是容易把自己弄迷糊。很多创业者动辄就去国外考察，要么就引进什么先进的管理理念和管理方法，甚至照搬别人一整套的体系和模式，结果到头来，自己花费力气了什么也弄不明白，还可能弄巧成拙。很长一段时间内，中国都非常迷恋美国的西点军校，认为西点军校一定有这一整套非常完善的精密的体制，有着非常丰富的文化理念，所以想方设法去了解西点军校。可事实上西点军校的校训上说得非常明白了，就是“责任、荣誉、国家”，这简简单单的六个字完全道出了西点的灵魂和核心，而且比起那些烦琐的规章制度和文化理念要更加有力度。

每个人都觉得单一意味着没有深度，意味着缺乏足够的说服力，可事实上，单一的东西往往是最难的，一个优秀的企业能够从单一的模式中获得发展，这是不容易做到的，相反，那些优秀的企业也恰恰依靠着单一的模式来获得进步。这些优秀企业的产品很单一、生产模式很单一、市场很单一，管理模式往往也很简单，根本没有想象中的那样复杂烦琐。

你认为做快餐不挣钱，可是麦当劳、肯德基却成为了世界上最挣钱的企业之一；你认为零售业利润小，模式单一，可是沃尔玛却成为了世界上最具影响力的品牌之一；你认为做饮料很简单，而且竞争对手太多，可是宗庆后却成为了亚洲最大的饮料大王。有的人可以依靠收废品来挣钱，有的人只卖某一个特色产品来打开市场，有的人一辈子只做某一件事，有的公司只有一两条规定，你觉得很简单、很单一，可是却不能否认他们正是从简单中获得了成功。

马云说过阿里巴巴不会去做其他的事情，他对阿里巴巴的定性就是一个电子商务公司，即便他在B2B业务上拓展了其他的业务，但仍然还是处在电子商务这个大的范围之下，可以说马云从来不曾想过让阿里巴巴走出电子商务的圈子，从没想过阿里巴巴的多元化战略。因为他知道全世界最优秀的公司都是单一化的，阿里巴巴想要成为最优秀的公司，也需要保持自己的简单。

简单才能保持专注，简单才有助于更好地管理，这是马云常常想到的两句话。他曾经对别人说："我最喜欢金庸小说《侠客行》里的石破天，他非常简单，他是一个非常简单的人。"马云愿意成为这样一个非常简单的人，正是因为简单，他才能够在互联网的市场上"一条路走到明"，他才会将阿里巴巴推向国际市场。

其实，马云的经营管理方式就像是一个动作单一的武术家，没有过多的招式，没有过多的武器，往往只有有限的一两个招式，但这有限的一两招往往是他最厉害的杀招。我们平时常常能够从影视作品或者武术表演赛中看到中国武术，这些武术看上去非常强悍，但是从竞技的角度来说，中国很多武术都不具备什么竞争优势，因为很多中国武术都含有复杂花哨的动作，可事实上这些花花架子并不具备什么攻击力和威胁。相反，有些动作单一的武术，比如说截拳道和泰拳虽然看上去非常单一，没什么变化，可是却非常实用，可以用最简单的招式达到最大的攻击效果。

创业者也应该抛弃那些花花招式，要化繁为简，要懂得从最简单的东西中获得最大的财富，其实优秀的东西往往很简单，因为谁都看得懂，谁都明白，谁都容易去领悟，那么它反而更容易被人吃透，更容易被很好地运用起来。创业有时候就跟堆积木一样，很多人会想办法运用成千上万块积木，用最富有创意的造型堆成一座高楼，但是有的人只是单调地将积木堆在一起，虽然看上去很单调，可是却更加省事，而且更加稳固。

所以无论做什么，都不要轻视那些简单的东西，因为简单的东西，往往最具有价值。对于年轻人来说，创业的时候要懂得从简单入手，能用简单的方法解决问题的就用简单的方法去解决，简简单单地去做，简简单单地去想，把一切都弄得简单了，你的事业也就会慢慢变得不简单。

永远不要让资本说话，要让资本赚钱

永远不要让资本说话，要让资本赚钱。让资本说话的企业家不会有出息。最重要的是你让资本赚钱，让股东赚钱。如果有一天你拿到很多钱，你坚持今天的原则，做你认为可以赚钱的事，我相信有一天资本一定会听你的。

——马云

马云说不要让资本说话，要让资本挣钱，实际上就是说企业家不要将企业的支配权交给资本，不要让股东和资本来左右自己的想法和行为，而应该将它紧紧抓在手心里，应该懂得操纵资本来为自己谋福利，为所有的股东谋福利。也许很多人会说，每个创业者都离不开资本，而资本往往决定了一切，你有多少钱，自然就只能做多少事，很多时候，资本的多少就是一个标杆，一个约束和衡量实力、权力的工具。这话不假，可是正因为资本往往能够影响我们的决策和想法，想要做出一番成绩，就要懂得反客为主，去控制和支配资本，而这恰恰是一个优秀企业家最应该具备的能力。

马云在创业的时候根本没有什么钱，他也承认自己没钱，可是他从来都不是靠钱来办事的人，阿里巴巴当初的那点注册资金，也许只能做一点儿小买卖，只够开一个小店，想要创立一个电子商务公司，则无异于天方夜谭，但是马云没有看资本的脸色行事，而是坚决地去投资互联网，结果他顺利将阿里巴巴发展壮大起来。

在马云的创业观念和资本游戏中，他自己永远都是主角，比如当年阿里巴巴在融资的时候，马云并没有被庞大的资金所打动，更没有被它迷惑，他明白一旦融资，一旦和别人合伙做生意，那么自己手中的权力一定会被稀释掉，所以他总是很冷静地提醒自己：不能在资本层面稀释掉对公司的控制权，尤其是在创业成败的关键期。面对金钱的诱惑不要动心，面对快速扩张不要动心，冷静地记住自己要做的是什么，冷静地去发现价值是什么。

正因为如此，马云后来只接受了软银 2000 万美元的投资，这样一来，马云实际上还是阿里巴巴最大的掌控者。这就是马云坚持的底线，绝对不能让资本剥夺了自己的支配权和掌控权。在阿里巴巴的融资史上，马云每一次都牢牢掌控大局，牢牢控制住股份的大头，即便是到了 2004 年，阿里巴巴第三次融资 8200 万美元，那时候马云依然占有 47% 的股份，仍然是第一大股东。

在谈到融资和股份时，马云的态度非常明确，除了他自己，阿里巴巴绝对不允许任何人控股。他给出的底线就是，无论是多大的投资，都不能拿到阿里巴巴 49% 以上的股份，所以软银和雅虎从来都没有真正拿到过控股权，正像马云所解释的那样：“全世界钱有的是，但是阿里巴巴只有一个。”其实融资的目的是为了更好地发展，马云需要的是战略合作伙伴，马云时时刻刻都在以阿里巴巴的长远战略为依据，都在以阿里巴巴的核心利益为主工作的。

当然，这并非证明了马云是一个贪恋权势的人，马云也并不担心因为股份问题而无法吸引投资者，相反，只要牢牢掌控大局，只要想尽办法帮助股东挣钱，那么别人自然会主动找上门来投资。他觉得一个好的企业家应该具备掌控资本的能力，因为只有想办法控制资本，才能想办法让手里的资本活跃起来，使其创造更多的财富。只有真正挣钱了，所有的投资者才愿意相信你，才愿意听从你的调度。

事实上，像马云这样有能力的人很多，他们也有能力去创出一番事业，但是很多人在融资的时候出现了问题，很多人在资本面前失去了理智，甚至主动交出了自己的支配权。2001 年新浪网的创始人王志东从首席执行官、总裁、董事的位置上退了下来，这件事震惊了整个商界。而在此之前，有很多公司的创始人因为各种缘由离开了自己的岗位，其中一个很重要的原因就在于他们曾经都大量融资，融资后则在公司内部失去了主导权，就连苹果公司的创始人乔布斯也曾经因为股权太少而被人赶出苹果公司。

斯坦福大学曾经对硅谷地区 100 多家高技术创业企业进行大量调研，结果发现在创业企业最初的 20 个月内，非创始人任 CEO 的大约占 10%；到了 40 个月，则升至 40%；80 个月后则超过 80%，这样一组数据实际上道出了非创始人“篡权夺利”的现象是普遍存在的。

马云对此应该深有感触，所以他在处理资本融合这类事情上，总是谨小慎微，总是能够把握一个最基本的原则，那就是不要让资本代替自己去说话，而是想办法让资本挣钱，这样他就能够时时刻刻占据主动权。

很多年轻人在创业的时候，往往也会遭遇同样的烦恼，为了寻找资金，常常会想办法进行融资，而在融资的时候，很多人见钱眼开，而没有考虑后果，觉得多多益善。可事实上，当别的股东投入的资金比你的要多出很多时，你的权力实际上已经开始动摇了，而有一天你终究会被他人架空，从而失去公司的主导权和支配权，这就是被资本吞噬的下场。

如果想要顺利创业，那么就一定要严格把好资本这一关，要懂得始终将支配权留在自己手上，不要让外来的资本去做主，不要让股东在自己面前指手画脚，更不能让自己跟在资本屁股后面乱转。你真正应该做的，就是让资本闭嘴，然后想办法去挣钱，想办法让股东挣到更多的钱，只有这样他们才愿意相信你，才愿意继续听你的指挥，而你才能够牢牢将主动权掌握在自己手中。

第八堂

态度决定高度：态度一定比能力更重要

/ 把自己沉下来，踏踏实实干事

/ 自负与狂妄终将带来失败

/ 信心是成功的保证

/ 做生意不能靠关系，也不能靠小聪明

/ 不把赚钱作为第一目标

/ 帮助别人赚钱，然后才使自己赚钱

/ 困难时，学会用左手温暖右手

把自己沉下来，踏踏实实干事

先把自己沉下来，踏踏实实做一个小公司。

——马云

很多人一开始就有大梦想，开口闭口就是做大事，当他们落实在具体工作上的时候，心态往往很急躁，容易急功近利，总想着一口就能吃成大胖子，但是往往适得其反，可能什么也做不成。其实为人处世最忌浮躁，因为浮躁的人总是不能够平心静气地看待问题，也不能心平气和地对待自己的事业，甚至不能认真地看待自己，这种人常常意气用事，缺乏理性，缺乏耐性，更缺乏足够的毅力，很难坚持把事情做下去，更不用说将事情做好了。

一个人应该有梦想，而且最好有大梦想，但是想归想，一旦制订了目标，在做事的时候应该保持理性，应该记得给自己的情绪降温，要将心沉下来，安安心心做事，踏踏实实做工作，无论发生了什么事都不能轻易动摇，无论面临什么问题，都要保持足够的耐心。面对诱惑的时候，要保持冷静，要懂得分辨什么是陷阱，不能够冒进，也不能够贪图眼前的利益，应该把目光放得更长远一些，一步步去走，而不是想方设法走捷径。此外，一旦遇到困难，则要有充分的心理准备，要有足够的承受能力和耐心，不要轻言放弃，更不能自暴自弃。随时要保持淡然的心态，要坚持在困难中走下去，哪怕是遭遇失败了，也不能半途而废。

正因为如此，创业者的工作态度往往很重要，创业者的心态往往决定了事业的成败，在创业之前往往需要先沉下自己的心，去除身上过多的浮躁之气，而且务必保持一个务实踏实的态度。事实上任何一个大公司都是从小一点点做大的，也是从最基本的步骤做起的，没有哪个公司是一开始就获得突飞猛进的，这需要一个漫长的累积过程，需要经得起足够的考验和磨炼，妄想着走捷径，妄想着一步登天往往不可能，妄想着一路顺风顺水那也是不现实的。很多时候，心态往往比能力更加重要，一个心烦意乱、心浮气躁的人往往办不成什么大事，而心境平和之人总是能够处变不惊。

在阿里巴巴网站创立之初，很多人嘲笑马云，认为他空有目标和理想，可是却根本不可能实现，他们甚至断言，如果阿里巴巴能够成功，无疑是把一艘万吨巨轮从喜马拉雅山脚下抬到珠穆朗玛峰顶。马云则信心满满地反击道："我就要让他们看看我是如何把这艘万吨巨轮从珠穆朗玛峰顶抬到山脚下。因为我沉得下来，我懂得怎么去把点点滴滴做好。"

马云的底气从何而来呢？其实并不在于他有那样的实力、资金和技术来做保障，而在于他有一颗沉静的心，他懂得如何一步一个脚印去追求自己的梦想，这样的心境则来源于他过去的 5 年教书生涯。

马云从杭州师范学校毕业后，被分配到了电子工程学院当英语老师，那时候学校的老校长让马云在电子工程学院教书5年，马云做出了承诺。当时很多人还觉得马云找了一份好工作，可是学校的清贫生活远远超出了他的想象，一个月下来，马云的工资只有89元，可是他仍然坚守岗位，安心在那里教书。后来深圳有家公司找到马云，希望以1200元的月薪聘用马云，可是马云抵制住了诱惑，而且他觉得自己既然答应了别人，就不能轻易反悔，于是坚持留在学校教书。之后，又有一家海南公司前来挖人，开出的工资是3600元一个月，在那个年代，这样的工资水平已经很高了，可是马云思来想去，还是拒绝了对方。

就这样，马云咬牙坚持了5年。5年之后，虽然他最后还是走上了自己一直想要的创业之路，但是这5年的清贫生活实际上帮助马云培养了更好的耐心，让马云的心能够沉下来，而这为他后来的成功埋下了伏笔。

在马云看来，每个人都想要做大事，都想要当将军，可是在此之前一定要沉下心来踏踏实实地做一些小事，要踏踏实实地当好一个合格的士兵，只有这样才有机会发展和进步。其实每个人都应该从小事做起，而且还应该耐着性子从小事做起，这是一种历练过程。只有沉下心，慢慢从头开始，一步一个脚印去走，才有可能将小事做大，才有可能将小事做成功。

小洛克菲勒毕业后到父亲的公司上班，有一天他对父亲说："请您给我一个项目吧，给我3年时间，我能做得和您一样出色。"父亲笑了笑，然后让儿子先安心地从员工做起。一个月后，洛克菲勒问儿子："你上次说3年能做出很出色的成绩，那么现在呢？"小洛克菲勒有些腼腆地笑了笑说："大概需要5年时间，只要5年，我就能够像父亲一样。”洛克菲勒依然让儿子先安心在基层工作一段时间。

又过了几个月，洛克菲勒用同样的问题问儿子，这一次小洛克菲勒显得严肃多了：“我不太清楚，也许是一辈子，我想我也许和您一样要干上一辈子，才能有这样的成绩。”洛克菲勒点点头，然后放心地将手中业务交给儿子去管理。

虽然小洛克菲勒信心十足，但是却没有真正了解工作状况，父亲让他在工作中去体验生活，让他在工作中静下心来，踏踏实实去做事，从而能让小洛克菲勒变得更为理性，同时也端正了他的工作态度。人生就应该端正态度，要懂得用平和的心来看待生活，要懂得脚踏实地做事。南普陀寺中有一副对联：“人生曲曲弯弯水，世事重重叠叠山。”人生总是曲曲弯弯，漫长而坎坷，世事则是重叠交织，复杂多变，正因为如此，我们更加需要再淡定一些，需要再踏实一些，只有静下心来，才能够将生活过好，才能够做出更好的成绩。

年轻的创业者一定要克服浮躁的毛病，要培养一颗淡定的心，不要盲目求快，也不能轻易被眼前的利益所迷惑和干扰，更不能轻易失去信心，无论遇到什么情况，都要冷静地处理，要始终明白一件事：成功没有任何捷径，你唯一能做的就是一步一个脚印坚持走下去。

自负与狂妄终将带来失败

永远要把对手想得非常强大，哪怕他非常弱小，你也要把他想得非常强大。

——马云

心理学上有一个隧道效应，意思是说当人站在隧道里的时候，你的眼界只有隧道口那么大，所看见的世界也只有这么大，可是当你走出隧道时，就会发现外面的天地比隧道口要大得多，其实这就类似于坐井观天。有时候，当我们觉得世界很小，当我们觉得自己很强的时候，只是因为自己站在了狭小的隧道中，我们所能看见的世界只有这么大，我们所能认识的人只有这么强，但是当你从隧道中走出去的时候，才会发现天外有天，才会发现自己的一切其实都是卑微渺小的。

戴夫·麦考梅克是1987年的西点毕业生，他曾经不无感慨地回忆说："西点军校是特别能打消傲气的地方。我来自一个小镇，在那里，我是优等生，而且还是一个运动队的头目。我来到西点后发现，我的同学中60%是运动队的头目，20%是所在中学的尖子。今天你还是一个地方的明星，明天你就只是数千强者中微不足道的一个。"

这就是一种觉悟，是一种对自己、对生活的清醒认识，做人就需要打开心胸，需要开阔自己的视野，不要将目光局限在身边的小圈子里，更不能仅仅看到自己。当你自以为很强的时候，往往低估了别人的实力，你并没有骄傲自大的资本。当然，即便你很出色，你比他人都要高出一截，也没有必要目空一切，处处显露自己的优势，更没有必要狂妄地看待其他人。越是自负狂妄的人，越容易遭遇人生的滑铁卢；越是看不起他人的人，往往越容易被他人击败，当一个人目空一切时，实际上失败已经慢慢在靠近他了。

伟大如麦克阿瑟那样的将军，也因为过于自负和狂妄，而在朝鲜战争中狼狈不堪。他曾经说过要在圣诞节到来之前结束战斗，结果美军却深陷战争泥潭。西楚霸王项羽实力强悍，罕有匹敌者，正因为这样，他自大狂妄、刚愎自用，结果被不起眼的刘邦所击败。

俗话说，知己知彼，百战不殆。可自负狂妄的人目空一切，眼中往往只有自己，只看到自己的好，却看不见别人身上的优势，也看不见自身的劣势和不足，所以常常会认为没有什么可以难倒自己，没有谁会是自己的对手，其实他的对手也许比他要更强一些，也许比他更具威胁。

另外，自负狂妄的人总觉得自己的一切都很好，认为自己是最强的，认为没有人会击败自己，这种自负的心理很容易使人产生惰性，觉得自己根本没有必要去改善什么，觉得自己就是一个完美的人，所以常常会不思进取，常常会故步自封。事实上，任何人都会有缺点和不足，每个人都有可改进的地方，即便你比其他人都要强上百倍，但是你也有自己的缺陷，也有自己最大的弱点，如果你不注意改善这些弱点，那么别人就可能抓住这些弱点对你进行攻击。

《基业为何不能长青》的作者柯林斯曾经是摩托罗拉公司的战略经理，他目睹了摩托罗拉的兴盛与衰落，也看到了很多曾经风光无限如今却江河日下的优秀公司。柯林斯经过多年的研究，发现了一个关键点，那就是优秀公司走向没落往往和自大有关，他认为狂妄自大是公司进入衰败的征兆，正是因为目中无人，企业才会走上穷途末路。从摩托罗拉到诺基亚、到索尼、到惠普，这些曾经都是世界顶级的公司，现在却渐渐日薄西山，全都和自大的心态有关。

马云则竭力避免阿里巴巴也走上这样的道路，尽管马云曾经提出了很多富有争议的口号，比如“让阿里巴巴成为全世界最大的电子商务公司”，“让天下没有难做的生意”，“我用望远镜也找不到对手”。很多人一听到这席话，不免会认为马云是一个狂妄自大的人。事实上马云只是一个理想主义者，也许他的想法非常狂妄，但是在实际生活中，他是一个脚踏实地的人，他所做的一切都没有什么狂妄自大的嫌疑。他没有贬低过任何一个对手，没有轻视过任何一个竞争者，没有眼高手低、不思进取，他是一个真正能够从小做起，从小事做起的低调踏实的人。

当初阿里巴巴收购雅虎中国的时候，马云依然对雅虎给予了很高的赞美，他说雅虎中国具有世界上最强大的技术，具有丰富的经验，这些都是阿里巴巴最需要的发展资本。这就是一种谦卑的姿态，哪怕是一个胜利者，马云也尽量尊重每一个对手，而正因为如此他才能够带领阿里巴巴取得今天的成就。

其实做人做事就像装瓶子一样，往瓶子里装满石块后，你自以为很满了，可事实上你还可以往里面装入沙子，接着你还可以装入石灰，装入石灰后又能够装入水。事实上，一个人很难到达完满状态，也根本无法达到完满状态，你要做的就是谦卑地看待自己，就是要努力完善和提高自己，这样才能让自己真正变大变强。

英国著名社会学家斯宾塞说："成功的第一个条件是真正的虚心，对自己的一切敝帚自珍的成见，只要看出同真理冲突，都愿意放弃。"尤其是创业者，更需要谦卑地看待周围的人和事，你觉得自己很成功、很有能力，可是别人也许比你更加成功，能力也比你更强，所以你想要从竞争环境中突围出去。想要让自己生存下去并成为真正的强者，那么就要谦虚地求教，就要放低姿态去面对你的对手。谦虚可以使你不断进步，可以帮助你提高自身的实力，而放低姿态则有助于避开别人的攻击，因为自负狂妄的人往往树大招风，最容易被人排挤下去。

年轻人想要做成一番事业，就不要轻易轻视任何一个人，如果是你的朋友，就要用平等的姿态去对待，如果是你的对手，就要懂得去尊重他，哪怕是最不起眼的对手，也要将他想象成一个强敌来认真对待。自负往往是引领失败的毒药，一个人越是狂妄，他对于外来危机的感受能力就越低，他对于信息的掌握就越少，而做出错误决策的概率就要越大。无论什么时候，狂妄的心态对于创业者而言，往往是致命的。正因为如此，年轻人应该谦卑一些，要把目光放得更远一些。平时要懂得低调做事，更要懂得谦虚做人，时常向别人请教，要懂得尊重别人。只有保持谦卑低调的姿态，才能够不断成长和进步，也才能够有效躲过别人的攻击。

信心是成功的保证

我其实在想十年前的今天，是“非典”在中国最危险的时候，所有人都没有信心，大家不看好未来。阿里十几个年轻人在一起，我们相信十年以后的中国会更好，十年以后，电子商务会在中国受更多人的关注，很多人会用。但我真没想到，十年以后，我们变成了今天这个样子。

——马云

有人说理想的一半是要靠信心来支撑的，其实也可以说“成功的一半是靠信心来支撑的”，一个人无论做什么，最重要的就是要保持信心，要坚信自己能够有所收获，要坚信自己会取得进步，如果自己先胆怯了，先示弱了，先从思想上放弃了这种可能性，那么你想要获得成功就会变得更加困难。

车到山前必有路，船到桥头自然直，人生没有过不去的坎，也没有解决不了的问题，关键是不能失去信心，不能放弃希望。其实生活最大的麻烦不是因为遭遇了各种困难，而是在困难面前失去了信心；最大的失败也不是我们遭遇了失利，而是在失利面前心灰意冷。信心往往是一个人的精神支撑，它往往决定了我们能够走多远，决定了我们能够创造何种价值。

任何时候，只要有信心就会有希望，有希望就有机会取得成功。格兰特将军是一个嗜酒如命的邋遢酒鬼，受到了很多人的诟病，可是在战场上他的自信心却是无人能够匹敌的，无论面临多大的困难，这个男人都有办法挺过去。正因为如此，格兰特能够在美国内战中成为北方军队的司令官，并最终帮助林肯实现了南北统一的梦想。

俗话说："世上无难事，只怕有心人。"有心人最需要的一颗心就是信心，只要有信心去做事，那么情况就一定会有所改善。对于每个人而言，信心都是成功路上必不可少的一个要素。信心虽然不一定会带来成功，但是没有信心就一定不会获得成功。

马云也是一个很有自信的人，很多人认为马云的成功离不开运气，但事实上马云的成功和他能够坚持到底有关，而坚持到底的耐性则来源于信心，来源于他对未来生活的信心。一开始他没有钱、没有人、没有技术，但是却坚信自己能够获得成功，所以他义无反顾地做下去。当公司遭遇困境，当互联网遭遇寒冬时，马云站出来说困难会过去的，严冬也终会过去的，结果他又咬牙坚持下去。当其他的电子商务公司在世界范围内称王称霸时，阿里巴巴只是一个小角色，生存都很困难，但是马云却说阿里巴巴会变成世界上最出色的电子商务公司的，所以他克服了重重困难始终坚守着。

所以说阿里巴巴之所以能够获得成功，马云之所以能够成就非凡的事业，很大一个原因就在于马云是一个对生活对工作充满信心的人，无论面对什么情况，他总是坚信明天一定会变好，正因为信心十足，马云和阿里巴巴的故事听起来更像是一个传奇。

一个人可以接受失败，但是不能失去信心，因为信心往往才是成功最大的保证，一个缺乏信心的人，哪怕实力再强劲，哪怕机会再多，也难以获得成功。世界上有很多非常优秀的公司，有很多实力超群的创业者，他们原本都能够创造很好的业绩，但是最后却只有很少的人能够成功，很多时候就在于这些优秀的企业和企业经理人缺乏足够的信心。

信心不足的人办事犹豫不决，不够果断，容易错过机遇；信心不足的人承受不起困难和失败的打击，容易主动放弃；信心不足的人缺乏冒险精神，所以不会有什么创新；信心不足的人耐力不足，容易半途而废；信心不足的人缺乏长远的战略眼光，凡事只看眼前，难以走得更远；信心不足的人难以发挥自己的全部实力，容易限制自身的发展。

很多人还没有做事之前，往往就给自己定下了基调，开始打退堂鼓，认为自己做不了这事，认为自己干不好这事，认为自己肯定不能完成任务，认为自己会遭遇失败。事实上就是这样，当你认为自己怎样时，你就会怎样，一个信心不足的人自然难以做出让自己、让别人都满意的工作成绩。杰克·韦尔奇曾经说过："信心十足的员工往往会完成 120% 的任务，但是缺乏自信的员工至多只能做到 80%。"

正因为信心能够决定成败，所以我们在生活中不要轻易丧失信心，要懂得培养和提高自信心，要懂得增强自己的承受能力，要时刻都对生活抱有期望。只有积极乐观地面对生活，只有信心满满地迎接挑战，才能够在人生路上越走越远，才能够越走越宽。

有一首叫作《勇敢者的心》的诗中这样说道："用勇气之火去点燃希望之繁星，点亮人生过往中的每一日光阴，只因时间可以摧毁一切懦弱，却埋葬不了一颗勇敢者年轻的心。"一个有勇气有信心的人，能够克服一切困难，能够坚定地向着自己的目标前进。诗人食指说："我依然固执地铺平失望的灰烬，用美丽的雪花写下'相信未来'。"只要保持信心，那么就可以以更好的心态去迎接自己的成功。

年轻人在创业时一定会遇到各种各样的困难，一定会遭遇各种各样的危机，但是无论何时都不能失去信心，都不要感到失落和绝望。只要保持足够的信心，只要保持足够的希望，那么就一定可以克服困难，一定可以从失利的阴影中走出来。要知道，无论何时，保持信心都是收获成功的最大保障。

做生意不能靠关系，也不能靠小聪明

这世界最不可靠的东西就是关系。因为没有钱，没有团队的时候要靠关系，我们这些人都一样，尤其我，我更没有关系，没有钱的，记住，关系特别不可靠，做生意不能凭关系，做生意也不能凭小聪明。做生意最重要是你知道客户需要什么，一定要坚持下去，一定会有机会。

——马云

中国人做生意往往有两大法宝，第一，要认识足够多的人，人多力量大。第二就是要有足够的脑子，因为经商是个脑力活，你的脑子比别人笨，你的想法比别人少，你的思维比别人更古板，那么你的生意经就念不动。

认识足够多的人实际上说白了就是走关系，在这些生意人看来，人际交往似乎要比个人的能力重要得多，只要你有人，只要你认识人，似乎就可以不费吹灰之力走向成功。但事实上这是一个误区，人脉宽泛的人的确能够开阔视野，也能够拥有更深厚的人力资源，但是人际关系往往是流于肤浅的东西，往往和利益挂钩，有了共同的利益，关系自然会好一些，可是一旦出现利益冲突，那么关系说变就变，所以严格说起来关系并不是特别可靠。

你的关系户很可能也会是对手的关系户，你利用关系来扫清障碍，对方也会使用同样的方法对付你，弄不好反而会吃亏上当。将希望全部寄托在关系上的人，往往不注重提高自己的实力，事实上实力才能说明一切，实力才是决定胜负的关键，而且一个没有实力的人又依靠什么来吸引别人呢？

说得难听点，走关系其实就是走后门，只是为了寻找一条成功的捷径，我们自以为找到了一个更加简单的方法来解决问题，殊不知依靠关系办事，效率没有任何保障，而且还容易把事情办得更糟，所以找关系这种方法只是一种不很成熟的手段。

除了找关系，头脑也是生意人看重的，不过和那些大智慧大谋略相比，多数生意人都会露出“奸商”的本性，也就是说很多生意人喜欢耍一点儿小聪明，自认为可以用小聪明占到更大的便宜。从表面上看起来，小聪明很管用，可以当成一种小计谋来使用，而且似乎也可以被称作一种技能，其实只是商人们自以为是罢了。都说聪明往往反被聪明误，喜欢耍小聪明的人自以为很聪明，事实上很容易搬起石头砸自己的脚，就像《红楼梦》中的王熙凤一样，虽然精明能干，总是能够利用小聪明干出点精明的事来，但是算计来算计去，把自己的身家性命也算计没了。

事实上，做生意虽然追求的是利润，但是利益往往有大有小，也有长期和短期之分，耍小聪明的人往往舍大取小，往往舍远求近，因为这类人过于精明，不愿意放过任何一次挣钱的机会。但是做生意更应该看重长远的发展，更应该注重长远的利益，精明的人往往只见树木不见森林，结果抓住了小利益就沾沾自喜，却不知道失去了更多更好的发财机会。那些耍小聪明的人看似精明能干，实际上往往活得很糊涂，自以为是聪明人，比别人看得更多，想得更远，实际上却是一个思维狭隘、目光短浅的人。

其实无论是找关系还是耍小聪明，实际上都显示出了你对自己的实力不够自信，对自己的能力有所怀疑，所以想办法走一些歪路子，想办法走捷径，以此来达到自己的目的。这其实是一种生活的态度问题，有的人即便实力不济，也愿意依靠自己的力量一步一个脚印去奋斗、去拼搏；有的人则想尽办法让自己更快更省更轻松地获得成功，前者能够正视生活，能够踏踏实实地去闯去干，而后者态度不端正，对自己也不够负责。

马云是一个喜欢脚踏实地工作的人，他向来不喜欢那些花花招式，所以特别反感那些关系户，也讨厌那些自以为聪明的精明人。在他看来一个人想要获得成功，就不要总是把希望寄托在别人身上，因为路始终都是要靠自己来走的，而且是一步步认认真真扎扎实实走出来的，想要偷奸耍滑，只会让自己走上弯路。

众所周知，除了自己的几个合伙人之外，马云基本上没有向外界寻求过帮助，他也许认识很多人，也有很多人愿意冲着马云的名气去帮助他，但是这么多年来他始终坚持和自己的员工踏踏实实解决一个个问题。很多企业一遇到困难，就喜欢向政府寻求帮助，但是马云从来没有这样做过，很多企业一旦资金链断裂，就想着托人去银行贷款，但是马云从来没有向银行借过一分钱，他也建议企业家不要总是想着利用关系来度过危机，更不能总是相互扶持。

在经营阿里巴巴的过程中，他也不会耍小聪明，他的任何一个大决定往往都具有战略眼光，从来不目光短浅，更不会斤斤计较一时的利益得失。很多阿里巴巴的员工认为马云常常会在小事情上犯迷糊，说马云做人太直率，不够精明。但在大事上，马云总是眼光独到，很少出什么乱子。其实这恰恰证明了马云是一个拥有大智慧的人，证明了马云是一个真正的企业家。

有个著名的企业家在谈到经营管理的时候认为，一个优秀的企业家不会确保自己的每一单生意都挣钱，但是应该要保证自己最后能够挣到钱。马云就是这样的人，因为不是关系户，他会遇到很多困难，丧失一些机会；因为不够精明，他可能会损失部分利益，但是无论怎样，到最后他都能够获得成功，都能够确保利益的最大化。

对于年轻的创业者来说，一定要懂得学习马云的经商之道，一定要端正自己的经商态度，本本分分做人，踏踏实实做生意，这才是一个优秀创业者应该做到的，这才是成为一个优秀企业家应该具备的素质。

不把赚钱作为第一目标

我一直的理念就是，真正想赚钱的人必须把钱看轻，如果你脑子里老是钱的话，一定不可能赚钱的。

——马云

一个创业者、一个想挣钱的人不以挣钱为目标，不把钱看得太重，这听起来似乎有些荒谬。事实上，绝大多数企业家之所以创业就是为了获得经济利益，绝大多数的企业也是以盈利作为发展的第一目标的，一个不挣钱的企业似乎称不上优秀企业，更谈不上是成功企业。而且正因为经济利益具有足够的吸引力，能够带来巨额财富，能够满足个人的成就感，很多人才愿意去下海经商，才愿意想办法创业。如果说不把挣钱当成目标，那么恐怕很多人都会失去创业的兴趣。

正因为如此，世界上绝大多数人都在追求利润，只有少部分商人和企业家看轻财富，而这少部分的人往往是最成功的商业人士。有句话说，你越是期望得到什么，就越容易感到失望。事实上，过度垂涎于经济利益，过度看重经济效益的企业，很容易犯一个错误，那就是将利益看得高于一切，有时候会变得唯利是图，这实际上对企业长远的发展非常不利。表面上挣了钱，但是时间一久可能就会陷入危机。而那些并没有将经济利益放在第一位的企业能够坚持理想和目标，淡然地看待发展过程中出现的问题，他们更加注重企业的良性发展，更加看重企业的社会价值和社会责任，结果反而能够创造出更多的财富。

马云曾经为阿里巴巴制订了几个发展原则，其中一条就是“阿里巴巴永远不把赚钱作为第一目标”。其实从一开始，马云就没有想过成为世界上最有钱的人，没想过让阿里巴巴成为世界上最有钱的公司。他的目标是让世界没有难做的生意，他自己也多次强调：“我的目标不是为了挣钱，而是改变这个世界，让人们生活得更好。”而今天，他已经做到了。

事实上，马云认为一个不挣钱的企业是一个不道德也不负责任的企业，因为挣钱是创业者的基本职能之一，是一项必须完成的任务。如果企业不能挣钱，那么本身就是对社会资源的一种浪费，也是对个人的一种打击，企业最终要服务于社会，没有钱，实际上是对社会的一种不负责。所以确保企业能够盈利是一个重要的课题，但是重要并不意味着一切的活动都要围绕着盈利来进行，并不意味着一切的工作都要以盈利为前提。他觉得一个好的企业不应该把盈利放在第一位，因为一个过分看重利润的企业，很容易走上弯路，很容易用营业额和利润来作为成功与否的标准，作为参考一切的标准。

在马云看来，一个好的企业家，应该有更崇高的理想，一个优秀的企业应该具备社会责任感，应该将身上肩负的社会责任摆在第一位，每一个企业都应该具有自己的使命。一个具有社会责任感、具有使命感的企业，才能够很好地处理企业内部、企业与社会之间的关系，才能够将企业更为合理地融入到社会之中，而有了社会作为依托，实际上企业最后还是会处在盈利的状态。

很多伟大的企业家都是不以纯粹的利润和收益来考核自己的成就的，利润甚至都不是他们的主要目标。微软公司的盖茨在创业之初的梦想是“让千万人都用得上电脑软件”；沃尔顿创立沃尔玛时，目标是建立一种既便利又廉价的商业形态；克罗克在收购麦当劳的时候是为了让那些上班族可以享受便捷美味的快餐。这些人和马云一样，将经济利益放在了后面，结果反而成为了世界上最成功的商人。

事实上就是如此，只想掌控权力的人当不了一个好官，只想着挣钱的人成不了好的商人，只想着击败他人的人也成不了真正的武术大家。其实无论做什么事，都要看到这件事背后的意义，要了解自己为什么要这么做，要了解自己怎样做才更能体现自己的价值，等你想清楚想明白了，你离成功往往也就不远了。

马云曾经将创业的人分成三类，第一类人是生意人，这种人只要有钱挣，就什么都会去做，盈利是第一目标。第二类人是商人，这类人擅长投机和投资，能够把握机会，知道有所为，有所不为。第三类人就是企业家，或者说叫作社会企业家，企业家应该以社会利益为先，具有社会责任感和使命感。正因为如此，我们常常会发现这样一个事实：生意人通常成不了什么大事，商人顺势而为，处境有时好，有时坏，唯有企业家常常能够屹立不倒。

对于每一个想要创业的人来说，应该把自己的目标设在企业家这一档上，要懂得将自己的目标和社会目标结合起来，要懂得将企业的目标和社会的责任结合起来。一个企业家应该明白自己为什么去创业，为了什么理想而去奋斗，挣钱只是企业家应该具备的一种技能，应该是企业家希望看到的某一个结果，但绝对不应该是全部的技能，不应该是全部的目标。那些纯粹的利益追求者往往难以成就大事，难以成就巨额的社会财富，因为狭隘的眼界和观念阻碍了他进一步的发展。

尤其是对年轻人来说，不要总是把利益看得高于一切，也不要用经济利益来衡量自己的成就，其实当你把钱看轻时，反而能够收获更多的财富。

帮助别人赚钱，然后才使自己赚钱

淘宝要真正赚钱，我还是这句话：要开始考虑赚钱的时候，是你帮别人真正赚了钱的时候。

——马云

在博弈中往往存在三种情况，第一种是零和博弈，也就是说一方盈利，一方吃亏；第二种是负和博弈，通常是指双方互相对抗，两败俱伤；第三种是正和博弈，也就是常说的双赢，彼此双方都能够有利可图，或者说至少有一方没有受到任何的损害。正和博弈是最高境界的博弈手段，不过事实上人人都在争夺利益，每个人的出发点都是获得资源，都是占取利益，这样就必定会影响到他人的利益，从而容易发生矛盾冲突。

那么如何才能达到正和博弈呢？方法很简单，就是先给别人让利，然后利用这种让利措施来为自己争取更多的利益。因为人与人之间往往是相互作用的，你对别人如何，别人往往也会对你如何。想要消除彼此之间的利益冲突，那么就只有选择那些共同的利益，或者先给对方一些好处，以博取对方的信任，这样实际上就可以很好地利用对方身上的资源来为自己谋福利了。

比如在非洲，往往会看见凶恶的鳄鱼张开大嘴，然后很多鸟儿飞进嘴里啄食，其实这些小鸟只是为了吃掉鳄鱼牙缝里的食物残渣和寄生虫，这样小鸟可以轻松获取食物，而鳄鱼则免除了牙病牙虫的困扰。同样的事情还发生在犀牛和犀鸟身上，这种相互协作的关系实际上就是正和博弈，都是一方先给了另一方好处，然后自己也从中获得利益。

其实创业往往也是如此，想要挣钱，有时候先要懂得帮助别人挣钱，只有先喂饱了别人，才有机会去实施自己的计划，才有机会获得更多的发展机会来壮大自己。简单来说，就是利己先利人，利人利己有时候可以当成一种抢占客户资源的有效方式，有时候还可以当成是一种战略合作关系。所以先让别人挣钱，然后自己挣钱，是一种非常高明的方法。

马云将这种挣钱方式称为“跑马圈地”，认为一个人只有先让别人收获利益，这样才方便自己去笼络人心，占据市场。比如在阿里巴巴成立的时候，所有的会员注册都是免费的，这样就能够为其他客户节约更多的成本，从而吸引更多的人加入进来。而在淘宝网成立之初，马云同样使用了这样的方法，让所有的会员都免费注册。为了更好地拉拢客户，马云还下达了死命令，那就是淘宝网三年之内免收服务费，也就是说三年之内，淘宝所有的投资都不会有任何回报，全靠阿里巴巴自己去垫补成本。

其实对于阿里巴巴来说，这是一笔很大的开支，也是一个重大的损失，以它的直接竞争对手易趣网来说，易趣网平时每月都会从顾客那里收取几十元的店铺费、几元钱的商品登录费及一定数额的交易服务费。可以说只要有一个顾客在易趣网上注册，那么易趣网每月就会有几十元的收入，当然顾客越多，那么收入也就越大。

淘宝网不顾自己损失，坚持献给客户最大的优惠，这种让利措施让很多竞争对手觉得很可笑，他们都猜测，阿里巴巴支撑不了多久就会主动撤销这样的免费措施。可是阿里巴巴不仅让自己的淘宝网免费，而且还建议易趣这样的对手也采用免费模式，当然最后无人响应。可是仅仅只过了一年，淘宝网就后来居上，成功占据了最大份额的市场，很多易趣网的老客户也被淘宝吸收过来，从这个时候起，淘宝网就渐渐将所有的竞争对手甩在了身后，而且逐年盈利。

在谈到淘宝网的成功经验时，雅虎总裁忍不住赞美马云能够“大舍大得”。其实马云所采用的方法正迎合了那句古话：“欲将取之，必先予之。”就像钓鱼一样，想要让鱼儿上钩，光靠一个明晃晃的铁钩子是不行的，最好是能够给予更多的诱饵，只有让鱼儿吃到食物，才能够引鱼上钩。

说起让利，另外一个著名的大商人也具有马云式的营销智慧，他就是清代山西的大商人乔致庸。乔致庸是个贩卖茶叶的商人，他有一个很著名的营销手段就是按一斤一两的标准制作斤茶，等于说每卖出一斤茶叶，他都要亏损一两茶叶。这对利益为上的商人来说无疑是个抽自己嘴巴的行为，很多人都认为乔致庸发疯了，取笑他不是做生意的料。可是正因为能够给别人更多的实惠，那些客户见到有利可图，纷纷和乔致庸建立合作关系，结果当其他茶商还在江南一隅斤斤计较市场大小时，乔致庸的生意越做越大，已经北进俄罗斯，实现了最初定下的“货通天下”的远大理想。

其实乔致庸和马云所做的就是摆明了让自己吃亏而便宜他人的买卖，但是这种给钱让别人来挣的做法只是暂时的，而且也只是一种表象，真正的目的在于拉拢更多的客户和消费者，在于占领市场。随着市场份额越来越大，就可以为自己打开销路，从而提高了自身的经济效益。

俗话说“盲人点灯，予己方便”，很多人认为盲人什么也看不见，所以不需要自己去点亮灯，殊不知点亮灯能够为别人照亮前行的路，那么别人自然也就不容易撞到他身上。由此可见，实际上最后受益的还是自己。年轻的创业者要懂得这种策略，要懂得当一个清醒的盲人，做人做事不要急功近利，不能被眼前的利益所迷惑，更不能轻易去损害别人的利益来为自己谋私利。其实凡事应该看得长远一些，在必要的时候，要懂得主动后退一步，先让别人尝到甜头，这样有助于建立起更好的客户源，能够加强彼此之间的信任，从而建立更为稳固的合作关系。

困难时，学会用左手温暖右手

没有人是完美的，社会不可能完美，因为社会是由所有不完美的人组成的。你的职责就是比别人多勤奋一点儿、多努力一点儿、多有一点儿理想，世界才会好起来。我就是这么走过来的。之所以能走到今天，唯一的理由是我比同龄人更加乐观，更加会找乐子，更加懂得用左手温暖右手，相信明天会更好。

——马云

二战期间，美军的珍珠港遭到日本军机的偷袭，损失惨重。一个海军上尉在这次偷袭中失去了左腿，当尼米兹将军视察珍珠港时，看到这位残疾的上尉站在废墟上正挥舞着球杆打高尔夫球，于是就上前询问："你的腿伤成这样了，为什么还有心思在这打球？"上尉坦然地回答说："这就是生活的一部分。"尼米兹大受感动，于是从悲观情绪中恢复过来，开始了珍珠港的重建，并且开始制订对日反击的措施。

生活中总是会存在诸多不顺心不如意的事情，但是这些不顺心并不意味着生活一无是处，并不意味着人生就暗无天日，即便生活再不如意，实际上也会有很多值得开心的事情可做，也有很多东西可以让你感到快乐。很多时候我们会轻易被困难所吓到，我们的心态也会发生改变，但是做人不能太过沉溺于悲观之中，不能太过沉溺于困难之中，当生活的寒冬来临时，我们完全可以用自己的左手来温暖右手。

人应该看开一些，应该把心态放得更为平和一些，凡事都要往乐观积极的方面去想，要懂得去寻找那些让自己开心的事情，要懂得始终都保持希望。有个哲学家说："在最深的绝望中往往能够发现最美的风景。"很多时候，我们只是失去了那份耐心，失去了面对困难的勇气，要知道这个世界没有让人绝望的困难，只有对困难感到绝望的人。有时候，你如果能够换一个角度，换一种思路去看待生活，就会发现困难中也会有希望，痛苦中也会有快乐。

说起苦中作乐，马云绝对算得上是个高手。从阿里巴巴的发展轨迹来看，马云的人生并非是一帆风顺的，甚至可以说是一路坎坷，他自己也常常说很长一段时间都在经受失败的考验，都在困难中苦苦挣扎。可是他这个人很懂得找乐子，很懂得自我安慰、自我调节，无论遇到什么不好的事情，他都有办法扛过去，绝对不会被眼前的困难所吓倒。他对别人说："创业这么多年，我遇到了太多倒霉的事情，但是只要有一点儿好事，我就会让自己非常开心。"也许正是因为具备这种良好的生活心态，马云总是可以在困难中坚挺过来。

在阿里巴巴最艰难的时刻，马云说很多同事和员工都哭了，都流过泪，也都抱怨过，但是马云从来没有哭过，从来没有流过哪怕一滴眼泪，也从来不去抱怨什么。这并非是说马云铁石心肠，也并非是他满不在乎，而是因为他比谁都要坚强，比谁都要懂得调整心态。他觉得哭解决不了任何问题，流泪也不能带走心中的委屈，抱怨只会让自己的心情更加糟糕。

面对困难和失败，他自有一套自我调节的方法，所以常常能够坦然面对。据马云回忆说，他在 1992 年做销售的时候，曾经了解过市场行情，担心自己会遭遇困难，于是在销售之前就给自己打了预防针，觉得自己前 10 次的销售成果应该是零，结果不出所料，前 10 次，马云真的什么也没有卖出去，但是这时候他反而很高兴，因为自己猜对了，所以值得奖励一下。

说起这个小故事，很多人听起来觉得很可笑，觉得只有傻子才会用这样的精神胜利法来刺激自己，但是马云就是这样一个“傻子”，他傻得很可爱很睿智，这种人永远都不会在困难面前低头的，也不会在困难面前失去对生活的热爱，失去创业的激情和动力。更重要的是马云能够将这种快乐情绪和乐观的态度传递给公司的每个人，从而增强阿里巴巴的抵抗力。

很多年轻人在创业的时候，一遇到困难，就总是习惯去抱怨别人比自己有钱，抱怨别人的机会比自己更多，抱怨社会不公平。可是抱怨并不能解决任何问题，也不会帮助你克服困难，关键是要保持良好的心态，要懂得苦中作乐，要善于发现自己的长处和优势，发现自己身上的幸福，要从苦难中发现阳光积极的东西，发现生活中的正能量。

每个人都要说寻找幸福，其实幸福就在我们身边，每个人都很容易去发现。只不过，当遭遇到不顺心的事情时，我们常常只剩下抱怨、诅咒和悲观失落的情绪，我们觉得生活暗无天日，没有任何值得开心的事情，其实我们只是被蒙蔽了眼睛。

著名漫画家几米曾经创作过一幅《希望井》的漫画，有个人不幸坠入井中，低头面对黑魆魆的水井，禁不住感到害怕，可是当他抬头看见满天的星星时，顿时就燃起了希望。其实很多时候，我们就像漫画中那个坠入井底的人一样，总是觉得生活黯淡无光，没有什么出路，可是当你猛然抬头时，会发现自己已经是满目星光。所以年轻人在创业的时候，要始终保持对生活的热爱，要始终保持对事业的信心，即便遇到了困难，也要懂得苦中作乐，要为自己寻找一个沉淀心灵的港湾。

第九堂

用人之道：野狗和小白兔都要杀

/ 高学历并不代表高能力，真才实学才是硬道理

/ 人尽其才，别把飞机引擎装在拖拉机上

/ 我们不挖人，也绝不留人

/ 一个当不好士兵的将军一定不是好将军

/ 频繁跳槽的人用不得

/ 需要雷锋，但不能让雷锋穿带补丁的衣服上街

/ 留住有能力、有进取心的员工

高学历并不代表高能力，真才实学才是硬道理

2001 年的时候，我犯了一个错误，我告诉我的 18 位共同创业的同仁，他们只能做小组经理，而所有的副总裁都得从外面聘请。现在 10 年过去了，我从外面聘请的人才都走了，而我之前曾怀疑过其能力的人都成了副总裁或董事。

——马云

很多人说 21 世纪是一个知识经济时代，知识的重要性越来越凸显出来。而一提到知识，很多人想到的自然是教育体制下的精英，想到的是名牌学府的学子，是高学历的人才，于是寻找高学历人才成为了很多企业优先的目标。一些企业为了从高校挖走高才生，常常和学校签订各种契约合同，每年还没毕业，企业就开始迫不及待地和学生签订合同，希望能够先下手为强。至于那些海归派，那些在国外名牌学府进修的人，更是成了各大公司的抢手货。

不过在试用完高学历人才之后，很多企业对结果并不满意，因为很多人才实际上并没有发挥出他们应有的能力，他们所体现出来的价

值有时候完全与学历不相匹配。于是高学历和高能力之间的矛盾有时候成为了很多企业心中的困惑，但事实上大家对于高学历追求的热度丝毫没有因此而降低，一些企业明知道这个人能力不行，但是还是愿意将赌注押在那张高学历文凭上。

相比于其他公司的盲目和困惑而言，阿里巴巴则要显得清醒很多，因为阿里巴巴的掌门人马云实际上是一个对高学历人才不怎么感冒的“怪”人。在马云看来，阿里巴巴并不需要什么高学历、好文凭来点缀门面，他只看重实力和能力，有能力的人他随时欢迎，这和学历无关，你有本事的话，不论是小学毕业还是海归博士，都一样对待。

马云是一个非常务实的人，他不会轻易被外在的东西所迷惑，有关成功，他觉得只要有能力，那么学历根本就不那么重要。他常常自嘲，认为自己从来就不是传统意义上的优秀学生，初中考高中时考了两次才考上，而大学考了三次才勉强考进了杭州师范学院，而且还是由专科升本科。他常常告诫年轻人要重视知识的力量，但是不要过于看重学历的价值，一个人有高学历并不代表他的能力比别人更高，一个人有真才实学才是最重要的，哪怕没有学历，也一样可以获得成功。所以马云说：“如果我能成功，我相信在座的 80%都能成功。”

在公司那么多年，而且面对着两万多名的员工，马云坦言自己从来没看过员工的简历，也不关心他们读了多少书，首先他认为读书多并不能代表什么，其次，他觉得简历上有很多虚假成分，即便是高学历，其实也有能力被夸大的成分。所以他更愿意看那些人是不是有真才实学，是不是能够做出什么成绩。

不仅如此，马云在招聘人才的时候，往往不看重简历上的学历水平，而是看重个人的实际能力。事实上马云原本也很看重学历，但是在实际操作中吃过类似的亏，所以才会更加重视能力。在阿里巴巴渐渐走上正轨的时候，马云曾经聘用一些博士生和MBA，他当时觉得这些高学历的人才一定会给阿里巴巴带来活力，一定能够带动阿里巴巴的发展。可事实上适得其反，业绩根本没有什么提升，反而遇到了一大堆的问题，这时候马云意识到实力和能力才是阿里巴巴真正需要的东西，而那些学历只是一个没有多少价值的头衔。

经历过这些事情后，马云开始经常招聘一些学历低的人，因为他觉得只要有能力，学历低的人一样可以做出好成绩，而且学历低的人在一起做事，往往更加踏实，更有凝聚力。

很多人也许会认为马云是吃不到葡萄就说葡萄酸的心理，他自己学历不高，就歧视学历高的读书人，他自己没有招到好的员工，就认为高学历的人不一定合用。其实根本没有这样的必要，马云也从来不去计较这些，更重要的是，他并没有用有色眼镜去看待任何人，而是非常客观公正地指出了现实问题。有能力的人本身就应该受到更多的重视，是金子就应该让他发光。

学历能够在一定程度上反映个人的能力和价值，但是不能等同于能力和价值。有些人学历很高，但是不见得有很强的能力，有些人学历很低，甚至没什么学历，可是能力出众，办事很有效率。事实上，有很多伟大的企业家都没有什么高学历，他们有的只是小学毕业，有的只是读了几年书。他们没有到高校中深造过，没有学过管理学知识，没有学过MBA，甚至不懂得那些专业的管理和经营术语，可是他们却懂得如何经营一个公司，懂得如何拓展自己的业务和市场，懂得如何管理好企业，他们所取得的成功全部都是货真价实的。很显然能力远远比学历更加重要，真才实学才是一个人最需要的，也是一个企业最为看重的，学历再高，再漂亮也无法真正证明什么。

正因为如此，年轻人不要总是抓住高学历不放，不要总是认为学历越高，一个人的能力和价值就越高，实际上学历和人才向来就不能画上等号。一个人要拥有真才实学才是最要紧的，一个人拥有能力才是成功的最大保障。马谡就是一个高学历人才，但是他只会动动纸笔文章，只会谈论一些口头策略，缺乏实战能力，所以最终失守街亭。那么年轻创业者在用人的时候，一定要擦亮自己的眼睛，凡事都要看一个人的实际能力，而不能草率地用高学历来作为用人的标准。

人尽其才，别把飞机引擎装在拖拉机上

在你的公司还不够强大时却想要聘请高端人才，就好比将波音 747 的引擎放到拖拉机里。即使引擎放得进去，但要知道拖拉机是永远飞不起来的。我的建议就是寻找适当的人才，然后投资在他们身上，这样，只有他们成长起来时，你的公司才会一同成长发展。

——马云

英国著名的管理学家德尼摩认为凡事都应有一个可安置的所在，一切都应在它该在的地方，这就是有名的“德尼摩定律”。事实上这个定律告诉了我们，每个人、每样东西都有自身特有的价值，而且都有一个最适合发挥这个价值的位置和平台，只要把他们安放在这个最合适的位置上，就能够发挥出最大的功用。

按照德尼摩定律，领导者就应该根据员工的特点、能力、喜好来合理安排任务，要让员工去做自己最擅长而且最能发挥价值的工作，权力欲比较强的，就让他担任部门主管和领导者；成就欲比较强的，就让他完成一些高难度的工作；依附欲比较强的人，最适合团队协作；技术性的员工适合当技工；善于协调和组织的人，适合当管理者或宣传人员。这就是所谓的知人善任，知人是前提，善任是一种手段。

一个好的企业，一个好的企业家，都需要一个非常有效率的团队，这个团队中的每个人不一定都必须是精英，不一定都必须是高学历的人才，重要的是要能够让每个人都处在正确的位置上干正确的事。一个团队里需要管理者，需要演说家，需要任劳任怨的基层员工，需要技术员，需要出谋划策的人，需要懂得算账，需要听话的执行者，也同样需要敢提意见和建议的人。只有在每个岗位上都安排最合适的人，这才是最合理的配置。如果每个人都是精英，每个人都足以担当管理者，那么这个团队的办事效率就会受到影响，1+1 甚至会小于 2。

马云曾经说过：“要是公司里的员工都像我这么能说，而且光说不干活，会非常可怕。我不懂电脑，销售也不在行，但是公司里有人懂就行了。”他认为自己没有电脑技术，也不懂得营销，对于互联网上的许多新奇事物也是一知半解，但是没有任何关系，因为他懂得管理，懂得如何去管理和安排员工，他知道如何去合理安排自己的员工，知道哪些员工擅长做什么，哪些员工最适合干什么，他总是能够合理分配这些人力资源，使每个员工都能够处在最合适的岗位上，从而能够使整个团队发挥出最大的价值。

马云一直认为《西游记》中的唐僧四人组就是一个很好的团队，

唐僧自己并没有什么能力，但是他知人善任，能够物尽其用、人尽其才，具有高深的用人技巧，可以优化人员配置。孙悟空武力超群，脾气暴躁而且又好斗，唐僧就专门用他来降妖除魔，克服各种困难。猪八戒好吃懒做，但是可以调节氛围，缓解紧张情绪；沙和尚兢兢业业，毫无怨言，刚好适合用来干一些粗活累活。

这么多年来，马云很少盲目招人，也不会大材小用或者小材大用。金庸先生曾经送给马云一句题词："善用人才为领袖要旨，此刘邦刘备之所以创大业也，愿马云兄常勉之。"

马云要做的就是和刘邦一样，合理安排自己的员工，创造一个最高效的团队。汉王刘邦曾经自豪地说："夫运筹帷幄之中，决胜千里之外，吾不如子房；镇国家，抚百姓，给饷馈，不绝粮道，吾不如萧何；连百万之众，战必胜，攻必取，吾不如韩信。三者皆人杰，吾能用之，此吾所以取天下者也。"这就是领导的用人之道，其实刘邦才是那个最有能力的人，因为他将所有的资源都整合起来，而且都用在了最需要和最适合发挥的地方。

马云曾经说过，一个领导者在业务能力上应该比自己的员工要差，但是在管理上一定要比其他人更有能力一些，只有具备很好的管理才能，才能够将所有的资源都合理利用起来，才能让所有的人都发挥出应有的功用。所以领导者真正要做的就是管理，真正要抓的重点也是管理，如何将员工管理好，如何带领员工做出好的业绩，这才是他们最重要的工作。

老子的《道德经》中有这样一段话："善行，无辙迹；善言，无瑕谪；善数，不用筹策；善闭，无关楗而不可开；善结，无绳约而不可解。是以圣人常善救人，故无弃人；常善救物，故无弃物。是谓袭明。”意思就是说善于行走的人不会留下任何痕迹；善于说话的人不会留下任何破绽；善于计算的人用不着任何工具；善于封闭的人不设机关也没有人能打开；善于束缚的人看不到绳结却没有人能解脱。圣人一贯善于挽救人，就不存在没有用的人，能够最大限度地利用物力，就不会有废物。这就叫作因循自然的智慧。

领导者要懂得当一个明事理的“圣人”，要懂得挖掘每个人身上潜藏的天赋，要懂得利用好每个人身上的能力，应该把握住每个员工所具备的优势，然后合理分配工作，把每个人都分配到最适合发展和发挥的工作岗位上去，这样就能达到人尽其才的目的，使整个团队的人员配置更加合理化，从而产生最大化的价值。

我们不挖人，也绝不留人

今天的企业已经很难避免员工互相交错跳槽了，但企业发展的正道一定是要努力培养你企业自己的人才梯队。

——马云

有家调研机构曾经对全球一百家公司进行调查，发现公司的人事变动非常频繁，而在这些人事变动中，最主要就是挖墙脚，大约占了77%。当一个公司的人才被人挖走后，必须提拔新人，当然这家公司往往也会从外面挖来墙脚补上，这种挖人的游戏成为了人力资源市场上的重头戏，而且几乎每一天都在上演。

现如今有很多公司都喜欢使用挖人墙脚的策略，毕竟将其他公司的人才挖过来，一来可以提高自身的实力而削弱对方的实力，二来可以通过这些人才来掌握其他公司的相关技术以及机密，实际上这种做法往往是一举多得。正因为如此，很多公司都不惜花费重金来拉拢其他企业的人才，有的则许之以高位，不惜一切代价来达到目标。

世界上很多优秀的公司都遭遇过被挖墙脚的困扰，同时也想办法挖人墙脚，比如微软公司、Google 公司、苹果公司。为此，Google 公司和苹果公司不得不签订“互不挖墙脚”的奇怪协定，由此可见各个公司对挖墙脚的重视，大家都不愿意被人挖墙脚，但是又渴望动一动手脚，从别人那里挖来人才，所以往往是又爱又恨。但是很显然，今天你想办法挖别人的墙脚，明天别人也会从你身上下手，这样很容易形成一种恶性循环，但实际上谁都难以阻止这种事情的发生，因为每个人都存在私心，都想着自己好过一些，而让别人难过一些。

不过马云和阿里巴巴从来没有四处挖人墙脚的想法，一方面他觉得自己培养的员工最适合阿里巴巴，另一方面他认为被挖的人才，若是说出原来公司的机密，属于不忠；苦守秘密，对现在的公司来说就是不孝；若是将那些秘密无意识地用到工作中去，则属于不义。马云不希望挖过来的人变成“不忠、不孝、不义”的人。

事实上，马云是一个自信的人，他并不认为阿里巴巴真的会有什么强大的对手，他也不害怕遇到这样的对手，他觉得真正要超越的永远都只是自己，所以根本不用设计去挖别人的墙脚。正因为如此，“挖人”向来都不符合阿里巴巴的价值观，而且马云还非常鄙视挖墙脚的人，他更是不允许别人在阿里巴巴挖墙脚。

当然如果真的有人来挖墙脚，真的有员工想要跳槽离开，马云也绝对不会为难这些员工，更不会用手段来刁难这些人不准离开，因为在马云看来，一旦员工想要离开，那么证明这里已经对他失去了吸引力，证明这里的一切都不能让员工动心了，既然员工的心不在这里，那么阿里巴巴也就没有强制留人的必要了。

在阿里巴巴收购雅虎中国的时候，很多公司都在背后抢人，那几天很多猎头公司都打电话给那些雅虎中国的员工，给他们开出各种高薪。马云很快就意识到了问题的严重性，一方面他稳定军心，恳请员工们留下来，为阿里巴巴工作；另一方面他也表现得非常大度，他认为那些“眼里只有美元、港币的人可以另谋高就”，马云绝对不会出面阻拦。马云对员工们说在阿里巴巴只能承诺委屈，而不会承诺金钱，结果很多人最后还是留了下来，只有 4% 的员工离开了雅虎中国。

很多人说马云就像中国古代的侠客一样，具有侠客精神，他总是是非分辨，善恶分明，想什么就说什么，讨厌什么就排斥什么，他是一个大情大性的人。这种侠气实际上也传染给了阿里巴巴，所以在挖人这件事上，阿里巴巴向来都光明正大，从来不愿意给别人下套或者使绊子，阿里巴巴虽然讨厌别人挖自己墙脚，但是也能够大度面对，该走的就让对方走，绝对不会强留。

正是因为这种独特的透明的用人机制，才使得马云具有很强的人格魅力，才使得阿里巴巴具有很强的吸引力。这样一来，员工们反而更容易被公司的价值观所吸引，不仅不容易流失和出走，反而会更具有向心力，对阿里巴巴也能够更加忠诚，除了一些员工主动辞职之外，阿里巴巴被人挖走的墙脚并不多。毫无疑问，从这一方面来看，是阿里巴巴洁身自好的君子行为起到了影响，不仅仅是对那些猎头公司，同时对员工也是这样。

创业的人往往也会面临挖墙脚之类的事情，但是无论别人如何挖你墙脚，一定要确保洁身自好，不要轻易动那些“歪脑子”，要知道君子爱“才”，同样需取之有道。无论别人手中的人才有多么出色，无论别人的人有多么诱人，都要克制自己的欲望，要建立一个良好的用人机制，不要对别人的人才下手。如果别人来挖你墙脚，那么也没有必要太担心，因为那些想要离开的人，那些轻易就被他人挖走的人，实际上也许并不适合你，至少你没有足够的能力和条件来留住他们，既然这样还不如坦然放手。

不过为了防止人才的流失，创业者还是应该注意把握一些细节，比如善待每一个员工，尊重每一个员工，提高薪水和待遇，改善他们的工作环境，加强彼此之间的交流和沟通，给予员工充分发挥的空间；同时还要注意人才的培养，搞好人才储备，完善用人机制，只有查漏补缺，提高员工的能力和素质，才能真正预防人才流失。

一个当不好士兵的将军一定不是好将军

能够当一个好老板的人未必是一个好员工，但想要当一个好老板，他首先应该是一个好员工。不想当将军的士兵不是好士兵，但是一个当不好士兵的将军一定不是好将军。

——马云

法兰西大帝拿破仑曾经说过：“不想当将军的士兵不是好士兵。”几百年后，被人称为“中国拿破仑”的马云对这句话进行了补充，认为“一个当不好士兵的将军一定不是好将军”，因为任何一个将军都不是天生的，他们往往也是由士兵一步步走过来的，只有经历过士兵这个阶段，才会慢慢爬到将军的位置上。每个士兵都有当将军的梦想，但是在当上将军之前首先要做的就是成为一个合格的、优秀的、卓越的好士兵，因为连士兵也当不好的人是难以有什么机会成为将军的，即便是，也不会是一个好将军。

在这里，马云实际上用了鼓励和约束的方法，他非常赞同任何一个有梦想的员工，也鼓励员工敢于为自己的梦想而拼搏。但是马云同时也对员工的梦想进行一定程度的约束和引导，那就是有梦想是好的，但是一定要脚踏实地地去实践自己的梦想，凡事要从眼前做起，做好身边的每一件事，做好一个员工该做的事情。

事实上，我们常常可以发现一个问题，那就是将军往往很少，能够成为好将军的人也很少，原因就在于，很多人都拼命想要往上爬，将所有的精力都花在了如何升官得权这些事情上，结果忽略掉了自己的本职工作，忘记了自己最应该要做的事。在心理学上有一个著名的心理学效应：彼得原理。彼得原理是指在一个等级制度中，每个员工都趋向于上升到他所不能胜任的地位，简单来说就是员工常常由于工作出色而被提拔，直到被提拔到自己无法胜任的位置上。

彼得原理实际上指出了人事提拔和晋升过程中的一些不合理状况，说的是晋升的人缺乏新能力，大家都会将目光和注意力集中在新能力和不适应这个点上。但事实上彼得原理有一个前提常常被人忽略，那就是那些提拔者首先必须是在本职工作中做出优秀成绩的人，也就是说他向上爬的基础动力是当了一个好员工。很多人认为一个领导者很多时候出现了问题都是因为领导能力不够，都是因为管理水平低下，但是从根源来说，也许在员工时期，他的工作就没有做好，他的基础并不牢靠。

无论做什么，无论从事什么工作，无论处在什么职位上，想要向上爬，想要让自己站得更高，那么首先就需要把自己分内的工作做好，要将自己的本职工作做到位，最好是做得很出色，只有成为一个出色的本职工作者，你才会有机会获得更大的发展机会和发展空间。一个连员工也当不好的人，是难以去胜任领导者的职位的，一个连好员工也不愿意去做的人，别人又凭什么会给他当领导的机会。也许有的人在员工时代干得很糟糕，算不上一个合格的员工，但是一旦坐上领导者的位置，却把工作弄得有声有色，这样的情况的确存在，但是对绝大多数人而言，作为员工的你如果表现很差，是难以有什么机会成为好领导的。

巴顿将军在一战之前还只是一个不起眼的小人物，有一天，他看到了潘兴将军，于是直接对首长说自己将来也想要成为一个出色的将军。潘兴将军一下子就被这个愣头青吸引住了，不过潘兴将军对巴顿说：“年轻人，好样的，不过先拿出点本事让我看看。”巴顿受到了鼓舞，于是在战场上奋勇杀敌，每次都冲到最前面。潘兴将军很高兴，他对别人说：“这个孩子现在是一个了不起的士兵，将来会成为一个了不起的将军。”果不其然，在第一次世界大战之后，巴顿就因为作战英勇而获得了晋升，而在第二次世界大战中，巴顿更是光芒四射，成为了盟军中最出色的将军之一。

有一个伟大的梦想，那是一件好事，不过任何一个伟大的梦想都要付诸实践，都要在实践中去实现。领导者在激励员工的时候，一定要对员工进行正确的管理，既要懂得把握员工的心理，同时也要对员工的行为加以规范和引导，让员工意识到本职工作的重要性，让员工意识到只有做好自己的分内之事，只有成为一个优秀的员工，才有可能去成为一个优秀的领导者，当好一个好员工是成为好领导的基本要求，是一个好领导的基本素质。

马云做企业做管理都是坚持这种理念。创业的时候，他也有梦想，但是他认为一个优秀的企业首先是要生存下来，而生存的关键就在于做好，只有将小事情做好，只有将小公司办好，才有可能成为大公司，一个连小事也做不好的大公司一定不可能是什么好公司。在用人方面，马云也是这样，他觉得每个员工都应该有梦想，这样工作才会有动力，所以他经常对员工们说每个人都有可能获得成功。但是他从来不是盲目地鼓励别人，他觉得员工想要当上领导，也必须从小事做起，必须先想着如何当好一个员工，如何去当一个好员工。

创业者一定要注意合理地管理自己的员工，既要懂得鼓励员工，让员工有充分实践理想的空间，也要给予员工为理想而拼搏的平台，当然，也要懂得从旁进行指点，让员工将目光注意到自己的本职工作上来，让他们从点滴做起，不要眼高手低，只有做好自己的工作，才能够有所突破。创业者要让每一个员工都明白这样一个道理：一个好员工也许并不一定会成为好的领导，但是好的领导首先应该是一个好员工。

频繁跳槽的人用不得

我自己不愿意聘用一个在竞争者之间经常跳跃的人。

——马云

在欧洲的很多公司里，都有一些奇怪的规定，比如有些公司会明文规定，“不许招聘跳槽 3 次以上的员工”，“不许招聘经常换工作的员工”。很多人会觉得这是在歧视，这是一种不公平的招聘。不过从现实情况来说，多数企业的确都不怎么喜欢那些频繁跳槽的人，只要招聘人员一看到简历上密密麻麻的不同工作单位，肯定会皱起眉头，很显然，你今天跳到了这里，但是第二天又跳走了，这对任何公司来说都是不能容忍的。

马云就说过自己绝对不喜欢从别的公司挖人，也不喜欢那些频繁的跳槽者，兴许他们真的是人才，真的对阿里巴巴很有帮助，但是马云觉得这类人没有基本的职业素养，他们将工作看得太儿戏了，所以不具备责任感，也没有什么担当。而且马云还提到了一个很现实的问题，当你招收这类员工时，如何使用往往是个大难题，因为无论他们原工作是什么，实际上都意味着背叛，要么是对前任公司不忠，要么就是对现任公司不够尽心。

比如你想要从跳槽的人身上得到一点儿信息，对方透露信息或者不透露信息实际上都是一种失信于人，这关系到职业道德问题。其实即便你能够顺利套到信息，但是难保这个人不会将你的信息透露给别的竞争者。在马云看来，频繁换工作的人很容易将市场竞争带入一个恶性循环之中。

对于这样的人，很多公司将其会当成鸡肋，食之无味，弃之可惜。要么就当成宝，想要好好藏着，但是又怕宝贝突然消失不见了，因为惦记的人毕竟很多，也难保宝贝不会自己偷偷溜出去。但是马云的态度很坚决，哪怕是一个再出色的人才，他也要拒绝和排斥，因为他不想承受这种困扰，也不想因为一个员工而破坏整体的工作氛围和行业规则。

马云的话不是没有道理，其实频繁跳槽的人往往一定存在诸多问题和缺陷，比如说经常跳槽的人喜欢抱怨，从来不在自己身上查找问题，总是将所有的责任都推到别人身上。这种人不会认识到自己的缺点，或者说总是在逃避自己的缺点，所以难以取得进步，下一次他还是会犯同样的错误，还是会因为同样一件事而离职。

这些人在多次跳槽中，其实能力并没有什么提高，只是更多地学会了将跳槽当成一件武器，当成一件威胁公司或者与公司谈判的武器，他们的野心和胃口会越来越大，一旦诉求得不到满足，就会使出离职和跳槽这样的杀手锏，公司能怎么办？不答应的话，对方走人，对公司来说，这肯定是一种伤害，是赔本生意。如果答应了对方的请求，那么下一次可能还要花更多的代价来继续留住他。一个是输在了现在，另一个则是输在将来，左右都不能如意。

此外，频繁跳槽的人往往缺乏足够的定力，每干一件事总是有开头没结尾，不能善始善终，尤其是一遇到困难就容易打退堂鼓，这样的人难以获得什么成功。严格说起来，经常跳槽的人实际上根本没有一个明确的目标，他们根本不知道自己真正需要什么，不明白自己最适合做什么，所以总是换来换去，到处尝试。相反，如果他们有一个相对明确的目标和想法，知道自己最应该做什么，那么就会义无反顾地做下去，就不会因为各种缘由而放弃。

而从公司利益的角度来看，频繁跳槽的人通常都缺乏足够的忠诚度，他们往往会以自己的利益为先，凡事都只从自己的利益出发，不会去为公司的利益着想，不会为集体的利益而去努力工作。这样的人一般很善变，一旦感觉自己受到了委屈，很容易变节逃跑。对于公司来说，有时候并不意味着人才的流失，而在于信息、技术的流失。还有一个很现实的问题就是投资成本，当招收新员工时，公司肯定会付出相应的成本来培养对方，等到对方适应新工作、掌握新技术后，拍拍屁股走人了，这实际上是过河拆桥，等于说公司的培育计划都打了水漂，或者说是帮助别人培养人才。

正因为这类跳槽者缺乏最基本的职业道德和职业素养，缺乏责任心，一般的公司在面对他们时，应该果断地拒绝，以免日后想留又留不住，想放又不敢放。管理学大师德鲁克说："如果你知道做某件事一定会出现问题，那么最好的办法不是在问题出现的时候焦头烂额地想办法解决它，而是一开始就不要去做这件事。"我们常常说将错误扼杀在摇篮里，所以当那些频繁跳槽的人主动向你伸出橄榄枝，主动提出合作的时候，你的态度就只有一个字——"不"，一定要坚决地说不。

当然，拒绝频繁跳槽者并不是意味着让每一个员工都愚忠，让每一个工作者都死心塌地地跟着某一个人、某一个企业转，这对员工来说也不公平，毕竟每个人都有自己的理想，都有自己的职业追求，都有自己的思维方式和生活方式，而且每个人都要考虑到家庭生活的需要，要求员工从一而终是不现实的。

但是作为创业者，作为用人单位，你一定要为员工划定一条红线，让对方知道什么事情是不能去做的，要让员工知道你不欢迎那些频繁跳槽，尤其是在竞争者之间来回跳跃的人，毕竟这样来回跳跃是犯了职场大忌，大家都会觉得这个人没诚信，觉得这个人是行业游戏规则的破坏者，严重地说，是他在挑起行业内的斗争和矛盾。所以对于任何一个创业者来说，找到好员工是一项重要工作，但是一定要有自己的用人原则，一定要懂得坚决拒绝那些频繁跳槽者，因为哪怕对方能力再强，他也不会给你带来任何好处。

需要雷锋，但不能让雷锋穿带补丁的衣服上街

你的团队离开你的时候，你要想到一点，我们需要雷锋，但不能让雷锋穿带补丁的衣服上街去，让他们跟你分享成功是很重要的。

——马云

在美国硅谷一家名不见经传的小公司里，一对夫妻从上世纪 60 年代开始就留在这儿上班，结果两个人一待就是 61 年，在这 61 年的时间里，两个人从来没有升过职，薪水也没有比别的员工高出多少。很多人对老人这种近乎于义务劳动的工作方式表示敬佩，但是很多人也表示疑惑，为什么老人要长时间留在这个公司，如果换到其他地方去，也许生活条件会更好一些。老人说从第一任老总开始，就有这样一个习惯，老板每天上班都会前来问候员工一声。其实只是一个简单的招呼，但是员工却觉得很温暖，于是渐渐把公司当成了家。

很多老板都会羡慕这家公司的老总，所有人当然希望自己可以拥有忠诚度很高的员工，他们当然也需要吸收更多“活雷锋”式的员工。但是想要让员工给你当雷锋，就要懂得给他们一些好处，就要懂得笼络人心，我们常常说要让员工成为公司的主人翁，要让员工建立起归属感。如果你没有给员工足够的尊重，没有给他足够的利益保障，那么员工也会失去耐心，尤其是尊重，这往往是决定员工忠诚度

最重要的因素。

这个世界没有免费的午餐，也不会有太多人愿意无偿为你工作，你没有付出相应的报酬，是难以留住员工的，你没有给予他们足够的尊重，也是难以取得他们的信任的。关于这一点，马云曾经说过一件事，他为家里雇了保姆，付出的薪水是 1200 元，而当时杭州市场上的保姆一般为 800 元，很显然保姆一直以来都做得很开心，因为她觉得自己得到了尊重，觉得自己被人重视。

由这件事出发，马云想到了一个问题，那就是要善待自己的员工，尤其是那些基层的员工，因为对于那些月薪动辄四五万元的高层来说，公司即便为他们增加一两万元的工资，他们可能根本没什么感觉，但是如果给那些广大的基层员工稍微增加一点儿工资，他们就会觉得自己受到了应有的尊重，自然而然，士气会大增。

马云曾经很有信心地说外面的公司很少能够顺利挖阿里巴巴墙脚的，尤其是那些老员工，忠诚度非常高，其实很大一部分原因就是因为这些员工在阿里巴巴得到了足够的尊重，得到了马云的认可和尊重。

要让每一个员工都建立起责任感和归属感，最直接的方法就是要给予他们足够的尊重，这种尊重不仅仅是物质保障，更重要的是一份心意，用这份心意来证明公司需要他们，证明公司一直看重他们，让他们产生强烈的存在感，让他们感受到公司的成功也有他们的一份力量和功劳。

马云常常将员工摆在最重要的位置，他说过：“员工就像是我们的家人，我们要以一种对待家人的方法去对待他们，而不要以一种上级对待下级的态度。”正因为像家人一样，所以马云对待员工往往也是真诚的，1995 年刚创办中国黄页的时候，马云常常遭遇资金危机，有时候甚至发不出工资。有一次，马云发现公司的账户上只有 2000 元钱，可是只剩下 3 天就要给员工发 8000 元的工资了，马云觉得很惭愧，于是直接将公司的困境告知了员工，员工听了反而觉得很感动，因为他们认为马云是一个真诚的人，并没有真正将他们当成打工的人看待，所以大家都对马云说即便两个月没有工资也会干下去的。

还有就是当阿里巴巴收购雅虎中国之后，马云用股权留住了雅虎中国 96% 的员工。此外，当这些员工乘专列到杭州时，马云为每个人都精心准备了一个袋子，袋子里装着两个热包子、一瓶牛奶以及餐巾纸。考虑到这些人长途奔波，洗漱不方便，小纸袋里甚至还有一盒口香糖！马云想得如此周到，而且如此有诚意，员工们都感动不已。

这就是马云的用人之道，他是真正把员工当成自己人看待的，哪怕是在功成名就的时候，马云也没有独自一个人贪功，也没有把自己一个人放在聚光灯下，而是将荣誉和功劳推给了自己的员工，他觉得阿里巴巴不是自己一个人的，而是属于公司全体成员的。正因为员工们认为自己受到了尊重，认为自己的价值得到了认可，所以都愿意留在马云身边，都愿意为马云全心全意付出。

很多人都在找优秀的员工，很多企业家都在抱怨好的员工不好找，事实上并不是好员工不好找，而是因为你没有培养出一个好员工，世界上最优秀的员工永远不是招来的，而是自己培养出来的。现如今，有很多企业只顾着挣钱，领导也只顾着满足个人的私欲，不注重对员工的培养，也不关心员工，平时将员工当成低廉的劳动力来使唤，成功之后又一个人独享成果。如此一来，员工的合法权益得不到保障，员工的价值没有得到尊重。自然而然，他们就会缺乏归属感和成就感，从而更加消极地面对工作，失去工作的热情和对公司的热爱，甚至于直接跳槽。

创业者想要找到好的员工，想要拥有一批对自己忠诚，对工作负责，对企业尽心尽力的员工，首先就要放下架子，要懂得真诚对待自己的职员，要懂得尊重他们的权益，要懂得将他们当成最亲密的战友来对待。事实上，你真心对员工好，那么员工也愿意为你真心付出，也愿意为公司的发展竭尽全力。

留住有能力、有进取心的员工

业绩好，价值观也好的员工才是我们要的这种员工，是我们要的明星，所以我们所有人都要往这儿靠。

——马云

都说职场如战场，每一天都会有人在竞争中崛起，也会有人在竞争中被淘汰，在一个企业中，总是有人会离开，这是非常常见的现象。因为工作不如意而主动离职的，因为工作成绩不够出彩而被辞掉的，因为不满意待遇而跳槽的，因为各种原因不能留在公司继续工作的人大有人在。当然对于一个企业来说，他们当然想要留住自己的员工，他们当然希望自己培养出来的员工可以从一而终，可以继续留在公司效力。不过企业和公司在用人方面往往也有自己的考虑，不合适的就让对方走，合适的就想办法留下来，这是每一个公司最基本的用人原则，当然一般来说，什么样的员工是公司最想留住的呢？什么样的员工才是公司最应该留住的呢？

有人说是高学历、高素质人才，但是高学历、高素质并不意味着高能力，并不意味着他能够将工作做好；有人觉得应该留下老员工，毕竟老员工更加忠诚，但是忠诚只是公司考量员工的一个方面，如果没有什么能力，没有什么理想，每天都在公司里混日子，那么实际上也没有任何利用的价值；有人认为公司应该留住那些办事牢靠，勤奋踏实的员工，踏实勤奋的确是好员工应该具备的基本素质，而且现如今踏实肯干的人越来越少了，不过企业终究是要讲求经济利益的，能够挣钱才是王道，能够挣钱才是留下来的资本。踏实肯干的人只是工作态度好，但是不一定证明这个人工作能力突出，不一定证明这个人可以为公司带来更大的经济效益。

其实，对企业来说，员工的道德，尤其是职业道德往往很重要，无论是能力出众的员工还是办事能力差的员工，实际上都可能会存在职业道德问题，所以在考量的时候，最简单最直接的方法就是考量他们的价值观。从这一层面来说，对于公司，最应该考虑留下的应该是那些有能力、有进取心的人。有能力就代表了他能够解决各种各样的问题，代表着他具有独当一面的才华，这样的人能够为公司创造收益。有进取心就表明对方是一个有理想有追求的人，是一个愿意精益求精的人，也许他现在能力不出众，但是只要加以培养，只要给他足够的时间，他就会慢慢成长起来，这样的人实际上往往是公司的潜力股。

马云说过他只看重员工的能力，只看重员工是不是能够发挥自己的价值。如果某个员工不能在工作岗位上发挥自己的优势，不能做出让人满意的成绩，那么马云也会毫不犹豫地开除他。在马云看来，有很多员工人非常好，而且也有正确的价值观和想法，但是个人的能力的确不行，虽然是个老实人，是个老好人，但是能力不够好就不能算是好员工，所以他也会很坚决地将这种人淘汰掉。

也许这样做有点不近人情，但是马云就是要让所有员工意识到能力决定了实力，决定了自己的定位。如果把一个没有能力的人安排在岗位上工作，实际上反而对其他人不公平，对阿里巴巴的发展也不负责。在阿里巴巴的发展过程中，马云曾经讲把很多老朋友老员工提拔起来，因为他发现这些人比起很多博士生、高才生、工程师都要更为实用，业务能力更强，所以他毫不避嫌，也不在乎别人说他任人唯亲，因为他向来主张能者居之。事实上，十几年来，他也将自己的一些老部下从位置上调任下来，因为不合适，因为这些人跟不上发展的脚步，没有办法做好自己的分内之事，所以就换成更有能力的新人上去。

除了看重能力之外，马云还喜欢那些有进取心的人，这类人对工作充满激情，具有很好的工作状态，不容易产生倦怠心理，所以办事效率会比较高。另外，上进的人总是想着办法将工作做到最好，因为他们想要让自己成为更优秀的人，他们时刻都在要求、鞭策自己更进一步，时刻都想要担当更多的责任。这种人有理想、有追求、有野心，想要把工作做好做大，这很符合马云的胃口，因为他曾经说过：“要让所有员工都知道，他们来就是把公司做大。”在马云看来进取心强的员工是创业者最富有价值、最积极的资产。

正因为马云具有独到的眼光，具有独特的留人方式和用人标准，阿里巴巴才能够不断发展。试想一下，如果他只是一个任人唯亲的人，那么阿里巴巴也许就会遭遇更多的失败，他也无法依靠员工的力量走到今天这一步。所以在留人的时候，创业者一定要有一个明智的选择，不能够感情用事，更不能依靠关系来留人，而应该从员工的实际能力出发，有能力的人，有进取心的人要留下，因为他们都是能为公司创造实际价值的人，是公司最需要的人才。此外，也要从公司的实际需求出发，公司需要什么样的人，你就要留下什么样的人，公司的需求往往才能体现员工的价值。

第十堂

管理的哲学：责任心有多大舞台就有多大

/ 领导别当劳模

/ 让员工笑着干活

/ 管理企业就是管理人心

/ 不抛弃，不放弃，不让任何一个伙伴掉队

/ 增强团队凝聚力，始终让团队成员牢牢地在一起

/ 信任，是对员工最好的激励

领导别当劳模

当干部之前你一定要让他学习怎样当干部，有很多干部是劳模干部，这类人很勤奋，如果你把他升为经理，他觉得领导喜欢我这样当经理，凡事带头干，但他却不能培养激励下属。真正优秀的领导是能让下属成为劳模的人，而不是自己当劳模。

——马云

很多干部都是劳模干部，很多领导都是劳模领导，无论做什么事，他们往往都是抢着去干，都是卖力去干，而且常常是事无巨细，什么都做。对于这种人，有些人常常会击掌叫好，毕竟有好多领导都是什么事都不干，天天坐在办公室里瞎指挥，相比较而言劳模领导似乎要勤快负责多了。不过领导当劳模所带来的好处，更多的是体现在一些精神方面和道德方面，其实从专业的角度来说，领导不适合当劳模，而且也不应该当劳模。

表面上看，领导多干肯干、事事都去干是责任感的体现，不过事实上让领导去当劳模恰恰是对企业不负责任的一种表现。领导者应该做自己应该做的事，应该有自己的工作，有关公司的管理、决策和引导，这些才是领导最应该做的事，至于那些琐碎的小事，那些业务范围之外的事，就不要去插手。

真正的好老师，不是自己什么题目都会做，不是自己什么题目都去做，而是要保证自己的学生什么都会做。一个好的领导也是如此，只有把自己的下属调教成劳模，这才是好领导，自己去当劳模实际上是做了不该做的事。从业务范围的角度来看，领导者最该锻炼最应该提高的是领导能力、管理能力和决策能力，而不是努力做了多少工作，工作是要交给别人去做的，是要让员工去完成的，领导者只需要做好自己的分内之事，千万不能越俎代庖。

很多人都说马云很闲，成天上电视做节目，事实上领导者根本就没有必要做个大忙人，马云之所以有时间做其他事情，并不是因为偷懒，而是因为他已经将分内的事情全部做完了做好了，既然做好了，那么就没有必要坐在办公室里浪费时间。

领导只起一个带头和引导的作用，根本用不着事事插手，所以马云情愿做一个懒人，也心安理得地当一个大懒人，他说微软的比尔·盖茨是个懒人，麦当劳的克罗克也是一个很懒的人，外星人罗纳尔多依然是个懒人，可他们都是各自行业中最成功的人物，马云也想要从懒中获得成功。

这种懒并不意味着他什么事也不干，而是说他只做自己应该做的事，他要做好管理工作，制定好企业发展的方向，做好公司内部的决策，然后下达任务和命令，就是这么简单。至于其他的工作，他既不擅长，也没有必要去做，还不如交给团队来完成，这样反而能够提高办事效率。

其实领导者应该是安排任务、下达命令的那个人，如果自己什么都干，那么还要先锋官做什么，还要执行者做什么？其实领导者的定位就是一个掌控大局的人，这才是最重要的任务和工作，对于领导而言，把握住方向有时候要比执行起来更重要。事实上，领导什么事都自己去做，很容易分散精力，自然会影响到自己的本职工作，不去掌控而去执行这本身就是丢了西瓜捡芝麻。

此外，领导者实际上并不擅长做业务，至少在业务方面往往比不上专业的业务人员。你的技术不行，技巧也不行，你所做的没有别人更有效率，质量也比不上人家，实际上做多了对企业来讲反而是一种伤害。而且你做得越多，就剥夺了其他人的工作机会和锻炼机会。所以说领导当劳模实际上并没有什么好处。

诸葛亮其实就是一个典型的劳模，他要处理国家大事，要处理和少数民族的关系，还要兼顾贸易往来，兼顾军事斗争，兼顾人才的选拔和调任，看上去真的做到了鞠躬尽瘁，可是却造成了蜀国人才的断层，因为他什么都去做，实际上别人就难有发挥和成长的余地了。正因为如此，诸葛亮即便累死病死，也没有让蜀国变得更强盛，而他死后，蜀国因为无人担当国事而失去了主心骨，很快被魏国灭掉。

由此可见，领导者当劳模并不是一个明智之举，至少是一种目光狭隘的表现。其实在一个团队中，每个人都有自己的工作要做，一个健康正常的团队中，每个人应该各司其职，没有人多做，也不会有人少做，每个人守好本分其实就是最完美的工作配合，你一旦多做了实际上就影响到了别人的工作计划。对于领导者而言，当劳模其实就是失职，就是在破坏团队的合作效应。

一个优秀的领导应该和唐僧一样，他自己只需要念经诵佛，只需要指引众人前往西方即可，至于挑担、化缘、打妖怪之类的事情一概不参与，全部交给徒弟们去做，这样最终才能够取得真经。好的领导应该是掌控者，他应该告诉别人怎么做，但是无须自己去做，这样才能提高办事效率，才能将整个团队运作得有声有色。

所以创业者一定要注意自己的行为，要明确自己的职责，要了解自己的使命，什么都要自己去做，那么你就不用开公司了，更不用招人了。领导者要做自己最应该做的事，然后合理安排其他人做事，这就是他们的主要任务，如果混淆主次，什么事都要沾手，那么反而不利于成立一个有效率有竞争力的团队，而事业也难以取得成功。

让员工笑着干活

Judge（判断）一个人、一个公司是不是优秀，不要看他是不是 Harvard（哈佛），是不是 Stanford（斯坦福），不要 Judge 里面有多少名牌大学毕业生，而要 Judge 这帮人是不是发疯一样干活，看他每天下班是不是笑眯眯地回家。

——马云

美国的哈佛大学曾经做过一项调查研究，结果发现每当员工的满意度提高 3% 的时候，顾客的满意度就会提高 5%，而利润则会增加 25%—85%，由此可见，企业的效益往往与员工的满意度成正比，而如何提高员工的满意度呢？这很简单，就是让员工保持微笑。

著名的希尔顿酒店，有一个非常奇怪的规定，那就是员工在上班过程中必须保持微笑，无论出现任何事情都要保持微笑，可以说希尔顿就是将微笑服务作为酒店的标志的。酒店的创始人希尔顿在创业之初，发现很多客人对酒店服务员冷冰冰的表情感到厌恶，所以就要求每个员工在面对客人的时候要保持微笑，甚至于微笑的程度也要有所控制。一开始很多人觉得不理解，认为完全没有这样的必要，但是希尔顿却认为，客人来这里是享受服务的，那么希尔顿酒店就必须拿出最好的服务和服务态度，就必须让每一个客人觉得这里的一切都是欢迎他的，让客人感到舒适是最重要的。

事实上，自从推出微笑服务之后，酒店的生意一下子好了起来，并很快成为了世界上最有名的连锁酒店之一。更重要的是，后来有很多公司和企业都借鉴了这种微笑服务，而阿里巴巴的马云也是这种服务方式的忠实拥趸，他也认为微笑是一个企业必须拥有的文化内涵，是所有员工必须掌握的服务技巧。

马云认为企业在运营的过程中，不仅仅应该只是将员工约束在办公室或者厂房里上班，而应该让员工开开心心地上班，应该让员工能够迎着笑脸去工作，因为员工不是冷冰冰的机器，而是富有感染力的有感情的人。马云曾经去过美国一些公司参观和考察，结果一进大楼所有的人都对着他微笑，很简单，进楼的人不是客户就是供应商和买家，这些人往往都是公司的合作伙伴，既然这些人能够带来生意和市场，那么自然要笑脸相迎。所以马云也用同样的方法来要求自己的员工，要让员工在工作中保持笑脸，要让员工用最真诚的微笑面对自己的客户、同事，以及任何遇见的人。马云觉得阿里巴巴的标志就是微笑，阿里巴巴的企业文化中就需要微笑，只有保持微笑，那么才会有更好的状态去迎接工作。

当然想要保持笑容，那么就要懂得让员工主动去笑，让员工发自内心地去笑，而不是强制要求或者是硬性规定。而在让员工快乐工作这件事上，马云的确下了不少工夫，不仅仅从物质上加以保障，提高工资福利，让员工拥有股权，而且更是真诚待人，将员工当成自己人来对待，比如他经常会给员工发一些邮件，对员工进行精神鼓励，这样无疑拉近了彼此的距离，让员工真正觉得像是和家人一起工作一样，这样工作状态和情绪自然就得到提高。另外马云还常常会使用一些招数让员工开心，比如他曾经对员工采用“穷开心”策略。

马云会想尽各种办法来逗乐，最常见的一种方式就是给员工“加寿”，对于那些表现突出，工作能力出众的员工，马云会给他们加寿命，这个增加 200 岁，那个增加 300 岁，以至于有个老员工被加到了 9000 岁。有时候马云会和员工讲述自己的梦想，梦想着自己带领所有员工去巴黎过年，然后所有人都很激动，接着他会宣布年夜饭后发奖金，给每人配两把钥匙，当员工感到惊愕的时候，他会说明这是在巴黎购买的别墅和法拉利跑车。

实际上这只是一些玩笑话，但是大家都乐于接受这样的玩笑，都能够从玩笑中感受到彼此的关心，都能够感受到相互之间的紧密联系，所以员工自然都会觉得开心快乐，上班工作的时候保持笑容也就不足为奇了。

其实从马云种种看似荒谬可笑的行为中就可以看出，他对微笑的重视，他不愿意看到自己的员工每天都拉长着脸，服务态度也是冷冰冰的，这种状态实际上对自己的工作不利，对企业里的工作氛围有消极影响。更重要的是容易影响到和客户的合作，毕竟人家是来享受服务，是来谈生意的，如果表情冷漠，或者刻意玩低沉、装冷酷，实际上就容易给他人造成不好的印象。

现如今有很多企业尽管也要求员工要打起精神，要保持微笑，但很多时候只是强制性的要求和规定而已，但是员工心里也许是有苦难言，没有半点真诚的笑容。其实，想要让员工发笑，并不是仅仅一纸文书、一条规定就可以做到的，最重要的还是要把握员工的心理状态，要懂得关怀员工，要让员工主动、真诚地露出笑脸。

其实当员工出现了黑脸，当员工挂着苦瓜脸的时候，肯定是出现了问题，要么就是员工对工作不满意，包括待遇不好、工作环境差、团队关系不和谐等因素；要么就是产生了职业倦怠，缺乏工作热情。其实想要员工快乐，那么首先就要提高待遇，就像马云一样，你要给员工足够的物质保障，要让员工觉得自己的工作有所回报，这是快乐的物质基础。其次，要懂得尊重员工，注意及时沟通和交流，为员工创造更好的工作平台，要建立共同的目标，还要懂得和员工分享成功的喜悦，从而确保员工产生强烈的归属感和幸福感。

所以创业者一定要懂得好好管理员工，这种管理不能仅仅是制度上、权势上的简单束缚或者命令，管理的重点不应该是“管”，而应该是“理”，所谓理就是要懂得合理地引导员工，要让员工自主自觉地朝着好的方向发展。让员工保持微笑就是一种很有效的管理方式，只有员工感到快乐，只有员工微笑待人，那么企业才能够更有亲和力，整个团队也会更有活力和凝聚力。

管理企业就是管理人心

要反思的是，员工拖沓，员工要求加工资，原因不在员工身上，而是老板身上。老板没有珍惜员工，员工自然不会珍惜产品。我们永远要明白，你的价值和产品不是你创造出来的，是你的员工创造出来的，你要让员工感受到——我不是机器，我是一个活生生的人。

——马云

随着科学技术的不断发展，人在工作中所扮演的角色似乎正在变得单调，而人的工作量也日益减少，但是无论技术发展到什么程度，无论机械化、数字化、信息化发展到何种程度，人始终是企业中不可或缺的要素，而且是最重要的要素，因为其他要素的利用和整合最终都要依靠人来解决。正因为如此，多数人都认为管理在本质上其实就是对人的管理，对人的管理是企业的重中之重，也是一切管理的基础，只有把人管理好了，企业的其他管理才能够顺畅进行。

而说起人的管理，很多人可能也许还停留在规章制度的约束和口头的命令上，但事实上一个卓有成效的管理并不仅仅依靠命令来完成，让员工自觉主动去工作，让员工在工作中找到自我，这才是重点。随着人性化管理的呼声日益升高，管理人心成为了最有效果的管理方法，只有懂得管理人心的领导者，才能够真正管理好人，才能够真正利用和发挥每个人身上的价值。

有些经济学家说企业管理其实就是人的心理学，是研究和了解人性心理变化的学科，是正确把握人心的一种方法，领导者要懂得去把握人心，要懂得去掌握员工的心理，了解对方在想些什么，了解对方真正需要什么，然后尽量去满足。说白了，其实就是要领导者采用心理战术，从心理上控制和征服员工，将员工的心和自己的心紧紧拴在一起。

心在一起了，那么整个团队就能够融合在一起，就能够更好地进行管理和引导。相反，如果人心很散，那么队伍也就不好带了，整个团队的力量就会受到限制，团队的竞争力也会削弱。所以管理人心，将人心捆绑在一起是管理者最应该做的事情，比如平时要保障员工的合法权益，要建立平等观念，要给予员工足够的信任；要懂得多和员工沟通交流，要主动分享成功，要懂得把员工当成自己人，只有让员工获得足够的尊重，这样才能使他们放下戒备，才能够将自己和员工的心紧密联系在一起。

马云曾经说过，阿里巴巴的跳槽率每年是 3.3%，而市场上平均的跳槽率每年是 10%—15%，可见阿里巴巴的跳槽率远远低于平均水平，其实低跳槽率就从侧面反映出马云的管理非常有效，至少对人心的管理很有效果。正因为如此，很多人都认为马云是心理学大师，是一个善于把握人心的人。

其实，从创业之初开始，马云就非常重视员工的利益，尽管那时候很困难，但是他一直都想办法补偿自己的伙伴和员工，他认为这些员工才是自己最大的财富，也是自己最看重的东西。为了收揽人心，马云主动将股权分给员工，这样一来实际上将阿里巴巴和员工的目标统一起来了，因为阿里巴巴挣钱，员工就能够分到红利，这种做法实际上将员工的心和阿里巴巴的命运紧紧捆绑起来。

除了利益上的保障之外，马云经常动用情感攻势，除了依靠出众的表达能力，马云还常常从行为上证明自己对员工的尊重，比如他常常和员工开玩笑，这是难能可贵的，毕竟很少会有老总愿意和下边的员工打成一片。但是马云的平民化策略实际上增加了亲和力，员工们自然愿意向他靠拢。事实上，马云还懂得从员工的家人入手，他曾经邀请员工的家属到公司里来参观，让他们了解员工的工作环境，这样实际上消除了家庭方面的顾虑，对员工的稳定和忠诚很有帮助。

事实上，阿里巴巴可能每年都会招聘新人，而且也并非所有的人都和他熟悉，但是马云总能够想到办法来留住这些员工，总有办法让员工们接受他。接受阿里巴巴的价值观和企业文化，所以一直以来，马云都没有出现过什么用人危机，反而很好地将人事管理一直贯彻延续下去。

歌德说过："人心是最坚强、最顽固的东西，但同时也是最柔软、最脆弱的东西。"因为你对别人强硬，别人通常就会强硬地针对你，哪怕表面上和和气气，但是内心一定会展示出强硬的坚决的对立姿态。如果你能够顺应对方的想法，尽量迎合对方的需求，这实际上正好找到了人心的弱点，可以很好地利用它。

经济学家韦伯斯特说："卓有成效的管理方式，应该是让员工意识到他们的存在，意识到你在关注他们的存在，而不是让员工意识到你的存在。"在过去，管理的方式更侧重规章制度的约束，员工们应该干什么，应该怎么做，全部都写在条条框框中，这种方法也许更为规范，但是时间一长效率就会降低，因为没有人愿意被人逼着干活，没有人愿意接受命令，然后在权势和地位的胁迫下干活，员工也是有尊严的。现如今无论是工作环境还是待遇都更加人性化了，但是管理方法也要更为人性化，要更多地站在员工的角度看问题，要懂得关怀员工，让他们意识到自己是被需要的。

对于领导者而言，也许并不需要擅长什么技术和技巧，并不需要学习什么知识，但是一定要懂得心理学知识，要掌握控制人心的方法。只有控制人心，了解别人的想法，才能够让别人为自己服务，才能够让对方死心塌地地跟着自己，这是一种管理的艺术，是管理企业的一种方法。如果僵硬地理解管理，简单粗暴地使用管理方法，简单粗暴地对待员工，那么就可能会丧失人心，从而使企业遭遇到危机。

不抛弃，不放弃，不让任何一个伙伴掉队

什么是团队呢？团队就是不要让另外一个人失败，不要让团队中任何一个人失败。

——马云

心理学上有一个木桶效应，意思是一只木桶想要盛满水，必须确保每一块木板都整齐划一，如果木桶的某块木板比较短或者说下面破了一个洞，那么这只桶就无法装满水。因此木桶能够装多少水，并不是取决于最高最长的那块板，而是取决于最低最短的那块木板。因此木桶效应常常被称为短板效应。

其实木桶理论常常也适用于整个企业管理，整个团队就像一个木桶一样，决定木桶价值的并不是那些又高又厚的木板，而恰恰是最低最短的那块木板，所以想要让木桶变得有用，不能仅仅将注意力放在那些优势项目上，还要将注意力集中在那些短板上，要将注意力放在团队中最弱的那个环节上。不能轻易放弃或者抛弃它们，只要有一个不受重视，只要有一个被抛弃了，那么整个系统就会受到影响，团队的价值也就无法发挥出来了。

不过在很多时候，我们往往犯下忽视甚至抛弃弱势环节的错误，

尤其是在团队中，我们常常忽略那些弱者，常常不会给予足够的关注和关怀。之所以会忽视弱者，就是因为我们常常会觉得保持优势项目是争胜的关键，却从来没想过，真正的武装应该是全方位的，就像一条船一样，你的马达很可能是世界上最先进的，你的装备也是世界上最先进的，可是你的船身也许只是木头做的，而且已经腐朽了，那么在行驶的时候，即便其他装备再出色，也照样免不了翻船的危险。

《马太福音》中有这样一段话："凡是有的，还要加给他；凡是没有的，连他有的，也要夺去。"这就是有名的马太效应。在一个团队中，我们常常会想办法增强自己的优势，巴不得锦上添花，而对于自己的劣势却总是置若罔闻，甚至还要想办法继续削弱。结果导致团队中出现严重的不平衡，强者就越来越强，弱者就越来越弱。

我们常常要放弃那些最弱的同伴，可事实上，这些弱者往往才是决定成败的关键，你没有及时想办法进行补救，没有想办法提高弱者的竞争力，那么最终很可能会因为这个最薄弱的环节而功亏一篑。你的对手往往也会想办法攻击团队中最薄弱的环节，可以说最弱的那个人其实就是整个团队最大的命门所在。

其实一个团队需要依靠整体的实力来发挥，任何一个人都具有自己的价值和作用，任何一个人其实都在团队中扮演属于自己的角色，也许这个角色这份工作并不起眼，但往往却是不可缺少的。这就像机器上的螺丝一样，看起来不起眼，可是一旦螺丝质量不好，或者螺丝松动，就会对机器的整体性能产生重大的影响。

所以对于管理者来说，一定要充分照顾好每一个成员，无论对方是否扮演重要角色，无论对方是否能力出众。也许你只看重那些干大事的人，也许你只看重那些镇守重要岗位的人，也许你只看重那些能力最出众的人，可是别忘了去关心和关注其他的小角色，你的团队中不仅仅具有那些核心人物，还要有配角，还要有各种小人物，你忽略了，很可能会破坏整个团队的运行。

马云曾经说过阿里巴巴的成功应该是全体阿里巴巴成员的成功，在他看来一个企业如果只重视那些有能力的人、注重那些关键的人，那么就会导致企业发展的失衡。他经常强调一点，那就是团队内部不应该存在歧视，不应该有高低之分，任务、职位、能力、责任有大有小，有高有低，但所有成员都是一样重要的，都是团队不可或缺的，所以这个团队内部的成员应该互帮互助，只有这样才能够共同进步，只有这样才能够确保整个团队的竞争力。

马云在谈到自己的团队时，曾经说过有 1/3 的人是优秀的尖子生，对于这部分人，公司要尽量多关注一些，给他们一些担子和压力，从中选拔人才并委以重任。而另外 2/3 的员工则是平凡人，这些人公司要进行约束和引导，同时还要让尖子生发挥带头作用，帮助他们成长，了解自己该做什么，该怎么去做，这样一来整个团队就形成了。事实上马云并没有额外重视任何人，也没有刻意忽视任何人，他希望整个团队中所有的人都能够获得进步和发展。

马云对阿里巴巴的管理就像雁群的生存法则一样，大雁是一种讲究团队合作的动物，科学家发现在长途迁徙的时候，雁群有着非常严密的组织。在飞行的过程中，它们会摆成“人”字形和“一”字形，这样可以最大限度地节省力量，因为前面的大雁拍打翅膀会形成上升气流，这样后面的大雁就容易利用这些气流减少消耗，并飞得更高更快。而当前面的大雁疲劳时，就会向后退，由其他的大雁补充上去，这样轮流交换就能够提高飞行效率。更重要的是，它们依靠这种方法可以保护老弱病残，减少它们的消耗。当一些大雁落伍或者落到地上休息时，雁群也不会抛弃它，而是派一只健康的大雁陪着它，直到体力恢复之后继续向前飞行。

一个企业也应该具有这种协作能力，应该具备这种互相帮助、携手共进的精神。其实作为一个团队，没有谁是一无所用的，也没有谁是可有可无的，每个人都扮演了角色，都有自己的岗位和工作，因此想要维持团队的健康运行，想要确保团队的强大，就要懂得保护好任何一个成员，要懂得提高每个成员的实力，坚决不要让任何一个成员落伍，只有这样，才能发挥出团队最大的优势。

增强团队凝聚力，始终让团队成员牢牢地在一起

如何把每一个人的才华真正地发挥作用，我们这就像拉车，如果有的人往这儿拉，有的人往那儿拉，互相之间自己给自己先乱掉了。当你有一个傻瓜时，很傻的，你会很痛苦；你有 5 0 个傻瓜是最幸福的，吃饭、睡觉、上厕所排着队去的；你有一个聪明人时很带劲，你有 5 0 个聪明人实际上是最痛苦的，谁都不服谁。我在公司里的作用就像水泥，把许多优秀的人才黏合起来，使他们力气往一个地方使。

——马云

我们都知道，一根筷子很容易被折断，但是十根筷子、一百根筷子放在一起就难以折断了，这就是团队的力量，这就是团结的优势所在。正因为如此，无论做什么事，都不要和团队相脱节，都不要从团

队中分离出来，想要让自己的竞争优势更强，就需要增强团队的凝聚力，要将所有的成员紧紧绑在一起，只有这样才会发挥出最大的力量，而这种团结协作就是团队精神。

现如今，企业家们都在谈论团队精神，那么团队精神的最高境界到底是什么呢？其实就是全体成员的向心力、凝聚力。具有凝聚力和向心力才是团队同心同德的保证，使松散的个人奋斗走向团队协作。很多人认为只要建立起共同的目标，那就是团队精神了，其实这是很片面的理解，因为目标相同不代表路子相同。就像牛拉货一样，每一头牛都具有强大的力量来拉动货物，也都想着拉动货物，可是有的牛喜欢往北拉，有的牛喜欢冲着南方拉，有的向东，有的喜欢朝西，这样的内斗反而会使牛车寸步难行，大家最后也都做了无用功。

所以在团队中，成员们具有共同的目标很重要，但是向心力、凝聚力才是根本。每个人的价值观和思维方式都不一样，而且都会选择用自己的方式去追求目标，都想着“八仙过海各显神通”，这样反而会使团队变成一盘散沙。只有凝聚在一起，只有用同一种方法，朝同一种方向去奋斗，让所有的牛都集中起来朝着一个方向拉车，才能够提高效率，也才会取得成功。

团队精神对于企业发展来说很重要，因为好的团队最终决定着企业是否具有竞争力，决定着企业是否能够朝着好的方向发展，决定着企业是否能够更长久地生存下去。对于领导者而言，自然都希望拥有一个团结一致、同心协力的团队，也希望自己的团队具备足够的向心力和凝聚力，希望自己的团队能够结合成一个完整的个体。但是事实上想要拥有一个好团队，就要懂得去培养一个好团队，要懂得抓好管理，要懂得如何将团队整合成一个高度统一的强大队伍。

马云说过：“我自己在创业过程中遇到过好多事情，最大的苦难不是缺钱，而是缺人。最有成就感的事情是今天一大帮人为了阿里巴巴的梦想，为了他们自己每个人的理想在阿里巴巴工作。”在马云看来让所有的人同心协力，让所有的人都围着同一个梦想而奋斗，让所有人都建立共同的价值观，让所有人同心协力共同创业，这才是一个企业最大的成就，才是一个优秀企业应该做到的事情。

马云常常说一个人再怎么能干，也强不过一帮能干的人，他非常推崇少林寺，少林派的强大不是因为他们某一个人强大，而是因为他们之中的每一个人都很厉害，而且很团结，这样团结一致的队伍是难以被击败的。

阿里巴巴中有各种各样的人，性格不一样、学历不一样、理想不一样、人生目标不一样、工作思维工作方法也都不一样。马云知道如果任由员工们自己去发挥，那么实际上容易出乱子，因为大家可能谁也不服谁，谁也不听从谁的想法，都是各自为政，围绕着自己的想法和方案去做，那么最后可能什么事也做不好，如果能够把众人黏合起来，让所有人的目标和方向都统一起来，那么就会产生 1+1 大于 2 的效果，为阿里巴巴创造更多的收益。

如何才能让所有人拧成一股绳，如何才能让所有人都往同一个方向用力，这是马云遇到的挑战，也是马云工作任务的核心，也是他管理理念和管理技巧的一种尝试。那么在面对这种复杂的情况时，马云是如何成为黏合众人力量的黏合剂的呢？

首先就是善待员工，马云非常尊重员工，也懂得把握员工的心理，所以管理起来总是得心应手，员工也愿意放心地跟着马云做事，因为员工觉得马云是需要他们的，这样实际上把握住了员工情感上的需求。其次，马云说过，员工是公司最大的财富，而共同的价值观和企业文化是员工最大的财富。所以马云一直以来都注重培养良好的价值观和企业文化，并经常灌输给员工，让员工了解什么才是团队，这样员工就会将个人目标和阿里巴巴的发展目标高度统一起来，而且价值观也达到了高度统一。

其实马云最大的成功不在于他自己有多么出色，而在于他拥有一个出色的团队，他懂得使用最合理、最科学的方法来整合团队资源，能够想办法将团队中的成员全部绑在一起，这就是每一个创业者都应该掌握的管理技巧，也是每一个创业者必须要解决的问题。一个团队如果人心涣散，那么即便个人的能力再出色，也难以做出什么成绩，相反，即便每个成员都很平凡，但是只要将这些平凡的力量融为一体，那么力量也会是非常惊人的。

信任，是对员工最好的激励

最大的挑战和突破在于用人，而用人最大的突破在于信任人。

——马云

在用人方面，马云是一个大师，他总是能够很好地驾驭员工，总是能够很好地管理好自己的团队。其实之所以有很多人愿意跟着马云创业，愿意为马云奉献自己的全部力量，很大一个原因就是马云非常信任他们，这实际上给了员工最大的激励。记得在 2003 年的时候，阿里巴巴因为不断扩展而招聘了 500 名员工，当时公司正从互联网危机中挺过来，发展步伐不是很大，一下子要养活这么多人，董事会有些不情愿，而且很多董事会成员认为很多员工其实并没有什么能力，因此没有必要留下来。但是马云却坚持认为所有的员工都是对阿里巴巴有过贡献而且也是有帮助的人，他们尽管很平凡，但都是了不起的平凡人，最后他努力说服了董事会，从而避免了裁员。这一次裁员风波的化解，就是因为马云始终愿意相信自己的员工，始终都给予员工最大的支持。

在阿里巴巴中有 18 个老员工从一开始就跟着马云打天下，彼此之间非常信任而且默契十足，这 18 个人深得马云的器重，因此也被人称为阿里巴巴的“十八罗汉”。孙彤宇就是阿里巴巴十八罗汉之一，他从 1996 年加盟中国黄页开始，就一直跟着马云做互联网，当马云在北京待不下去而准备返回杭州的时候，马云曾经问他：“愿意留在北京还是跟我回杭州创业？我给你 3 天时间考虑。”可是仅仅过了 5 秒钟，孙彤宇就决定和马云一起回去，因为他相信马云，而马云同样信任他。

在成立淘宝网的时候，马云曾经下了一个命令“团级以上的干部都要空降”，很显然马云希望接手淘宝网的人必须都是有真才实学且能力出众的人，他不想任人唯亲，更不想拿淘宝网的前途开玩笑。这时候孙彤宇站了出来，向马云立下了一个军令状，那就是三年之内打败易趣网，这样的口气实在很大，毕竟当时淘宝还是刚刚起步，根本没有任何和易趣网叫板的资格，可是孙彤宇认为自己可以做到。马云听了也没有怀疑，而是让孙彤宇走马上任，大胆起用了孙彤宇这个地地道道的“土鳖”，而事实证明了马云的眼光，孙彤宇的确是值得信任和托付的人，淘宝网很快崛起并最终超过了易趣网。

在马云看来，信任是企业用人的第一标准，也是企业走向成功的第一步，一个领导者和管理者要懂得信任自己的员工，一方面要相信员工的技能，坚信他可以完成某项任务，坚信他可以成为一个出色的执行者，然后大胆地给予员工机会，这样员工才能够真正做出成绩。相反，如果你对他们不够信任，不愿意放权，那么他们就永远不能把事情做好，因为他们根本没有很好的机会去做。

美国教育管理非主流派的代表人物萨乔万尼斯曾经说过："要改善我们的收获，意味着要改善我们的眼光。"改善眼光就意味着要能够识人，要懂得看准人，然后大胆起用。要懂得包容对方的缺陷，要能够信任和引导别人。正所谓用人不疑疑人不用，如果想要重用某个人，想要让别人发挥自己的价值，那么就要懂得信任对方，要给予对方足够的机会，要懂得给予对方足够的支持。

中国古代的兵书上有这样一句话："三军之灾，莫大于狐疑。"意思就是说军队中最大的灾难往往来自于相互猜忌，因为当部队中出现彼此不信任的情况时，整个部队就有面临瓦解的风险，从而影响到部队的战斗力。其实一个企业也是这样，如果管理人员对手下不够信任，如果领导者对员工有所怀疑，那么这个团队实际上可能就处于一种分裂状态，至少大家的心不够齐整，至少大家的想法不够统一，而这会阻碍整个团队的发展。

秦末的起义军首领陈胜就是一个疑心病很重的人，他常常在下达命令之后，派人去监视那个执行命令的人，正因为气量狭小，他最终众叛亲离，起义最终也惨遭失败。而反观刘备，他在白帝城将死之时，托孤给诸葛亮，实际上就是出于信任，这一下诸葛亮自然是感激涕零，无有不从，最终发誓要鞠躬尽瘁，死而后已，所以刘备死后，蜀国并没有马上垮台，而是在诸葛亮的辅助下继续维持三国鼎立的状态。

有些领导者在用人时不够坚定，往往且疑且用，放权的时候要私底下慢慢收权，给对方机会的时候，又想办法慢慢压缩空间，想着让对方放手一搏，又处处防备着，这样做只会打消员工的积极性，至少他不会真心实意、全心全意去做。中国有句话叫“君视臣为土芥，臣视君为仇寇”，当领导者不信任手下，处处防备着手下时，下边的人也会防备着上级，也会将上级领导者当成敌手来看待。

其实总是怀疑别人根本没有任何必要，一个企业家、一个管理者如果用怀疑的态度来待自己的员工，那么对于整个团队而言就会出现大问题，因为彼此之间会出现隔阂，那么下一次，员工就不会再听从你的指挥，对于你的命令可能会阳奉阴违，至少不会再心甘情愿地为你认真卖命了。所以管理者应该具备大气量，要拥有广阔的胸怀，要拥有将一切私利放下的气魄和气度。既然想要让员工为自己做更多的事，既然需要员工来帮助自己实现梦想，既然需要让员工推动企业的发展，那么就要懂得尊重员工、信任员工，只有信任才能换来他们的拼劲。

第十一堂

说话之道：傻瓜用嘴讲话，聪明的人用脑袋讲话，智慧的人用心讲话

/ 说话可以大气一些，要以真诚作为底蕴

/ 说话简洁精练，你会更出彩

/ 谦虚的说话风格，养成以人为尊的说话习惯

/ 有原则的话才有分量

/ 说话“拽”一点儿又何妨？

/“倒立看世界，一切皆有可能”

/ 点到即止，暗示比直言更有效

说话可以大气一些，要以真诚作为底蕴

与众不同不是我做出来的，而是我的本能。

——马云

马云曾经对媒体说阿里巴巴向来不稀罕做游戏，也永远不会做游戏，饿死也不做游戏。这番话被很多人听在耳朵里，觉得马云未免有些狂大，就连一些游戏开发商也跳出来说马云这个人太猖狂了，似乎看不起做游戏的企业。大家都觉得阿里巴巴没有能力做游戏，或者说并不擅长做游戏，毕竟游戏在中国乃至全世界来说都是互联网上的香饽饽，投资小而且利润高，没有谁不会垂涎三尺的，马云这么说看上去很大气，实际上是吃不着葡萄说葡萄酸的心理。

可是马云解释说阿里巴巴并不缺少相关的人才和技术，而且也能够引进相关的技术和人才，但是阿里巴巴绝对不会做游戏业务。他说得很大气，也很真诚，因为他有一次听说自己的妹夫玩游戏玩到深夜3点，他意识到游戏可能会误人子弟，像毒品一样毒害年轻人和下一代。所以他坚决地对游戏说“不”，这并非是他有多么洒脱，而是因

为他足够真诚，他觉得一个将时间全部花在游戏上的民族是没有任何希望的，这就是一份社会责任感，是豪气下的真诚。

和马云相处已久的人，都知道马云是一个非常真诚的好人，尽管他说话的时候有一种压迫感，常常让人觉得他是一个干大事的人，但是他的话绝对是真诚的，没有半点的浮夸，没有半点的假模假式，没有半点的口是心非。马云曾经对自己的员工说过："阿里巴巴公司不承诺任何人加入阿里巴巴会升官发财，因为升官发财、股票这些东西都是你自己努力的结果。但是我会承诺你在我们公司一定会很倒霉、很冤枉，干得很好领导还是不喜欢你，这些东西我都能承诺，但是你经历这些后出去一定满怀信心，可以自己创业，可以在任何一家公司做好，你会想：'因为我在阿里巴巴都待过，还怕你这样的公司？'"这一番话听起来似乎是在夸耀自己，但事实上是一种非常坦率非常真诚的交谈，他没有半点的敷衍之心，他所说的也都让人觉得舒服，让人觉得很贴心。

对于领导来说，经常说一些非常大气非常霸气的话，这很正常，毕竟身在高位，说的话也应该更有分量。但是想要把话说得大气一些，并不是说一些唬人的话、说一些自卖自夸的话、说一些不切合实际的大话。说话要真诚，把话说得大气一些并没有什么，但是一定要做到真诚，要懂得真诚待人，不能信口胡说，更不能无中生有，你说的每一句话都应该是发自肺腑的，都应该是坦诚相待的。

在钢琴家肖邦还没有成名之前，他曾辗转各地去演出，但是都没有得到他人的欣赏。匈牙利钢琴大师李斯特却独具慧眼，发现了肖邦的天赋，但是他直言不讳地指出肖邦还缺少演出经验，而且有一些方面还有待改进，否则就很难保证他能够像自己一样出名。肖邦是一个才华横溢的人，他也很自负，尽管没有出名，但是根本不把任何人放在眼里，但是这一次他对李斯特的话非常感动，尽管李斯特说了一些狂妄的话，但是肖邦知道对方的话是真诚的，于是就想办法改善自己的技巧。后来李斯特将肖邦带到法国，然后在一个黑暗的剧场里演出，最终一鸣惊人，肖邦由此十分感激李斯特的帮助。

所以说真诚的人往往让人接受，真诚的话也往往让人感动，无论你想要说什么，无论你说话的语气怎样，都应该让自己表现得更为真诚一些，都应该展示一个最真诚的自己，只有这样别人才会对你的话感兴趣，也才愿意倾听和接受你所说的话。

对于年轻人来说，为人有理想，说话大气，这些都是一种好现象，证明了你是一个有想法有追求的人，但是大气不能仅仅是作为炫耀和自我满足的资本，而应该是一种真情流露。所以如果你想要获得成功，想要更加顺利地与别人沟通交流，那么就要改善自己的态度，你可以雄心勃勃地谈论自己的计划，可以雄心勃勃地谈论人生，可以在别人面前展示自己的高姿态，但是一定要加入自己的真诚，一定要以真诚之心来做铺垫，你对人足够真诚，那么你的高姿态才会真正带来魅力。

说话简洁精练，你会更出彩

我是一个不喜欢拖泥带水的人，我总是懒得说太多的话。

——马云

马云说越是成功的人就越是会偷懒，所以马云懒得连话也不想多说了。听过马云演讲的人一定知道，马云说的话不仅幽默风趣，不仅霸气十足，而且往往还很精练。当他提高小公司发展的目标时，就用了“活着”“挣钱”这两个词来概括，这样简单明了，而且直接点中要害。马云就是一个这样简练的人，他说话就像是给人点穴一样，只要抓住最小却最关键的那个点就可以了，而不是面面俱到，这样就更有效率，而且更具穿透性，更容易打动和说服别人。

1999 年，阿里巴巴正式成立，10 月份的时候，他被安排和软银公司的老总孙正义会面，孙正义向来有网络风向标的称号，何况对方还是雅虎的最大股东。孙正义喜欢投资网络，经常会找一些有潜力的公司来投资，于是就找到阿里巴巴，希望进行评估。马云知道是一个好机会，但是对方只给了 6 分钟的演说时间，于是马云就运用语言天赋将与阿里巴巴有关的内容精简成了一段话，然后他在 6 分钟内顺利说完。孙正义听了 6 分钟，然后立即决定进行投资，阿里巴巴于是顺利接受了第一笔融资。

在收购雅虎中国的时候，马云和杨致远面对面谈论了 10 分钟，就将所有的利益关系说得明明白白，最终杨致远点头同意。而在《赢在中国》这样的节目中，马云常常是妙语连珠，但是基本上每次说话都很简练。他总是能够用最短的话说出最丰富的理念，总是能够用最短的句子来表达最完整的意思。在日常的工作和生活中，马云也是一个追求精致简练的人，他常常说自己很懒，所以话也不想多说。正因为如此，他从不说废话空话，从来不说无聊的话，他也这样要求自己的员工，比如汇报情况的时候，能一两句说清楚的，就不要拐弯抹角说上十几句，能够用嘴巴说清楚的，就不用写上几十页的报告。因为马云不喜欢太烦琐的东西，简单有效率的生活就是他想要的。

事实上，说话往往能够体现一个人的能力和魅力。首先说话简练往往体现了一个人的综合能力，以及对事物的理解能力，能够把话说简练的人，不仅口头表达能力很强，而且思维也很活跃，综合能力也很强。这种人能够将最零散的信息整合起来，而且还能够将这些信息进行压缩，这是一种非常高效的办事能力。

其次，说话简练的人往往具有很强的人格魅力，有话可说证明了你是一个很有想法的人，话不多说则证明了你是一个注重办事效率而且能够考虑他人感受的人，不像有很多人没事就喜欢发表长篇大论，生怕自己的想法没有完整表达出来，生怕别人以为自己无话可说，所以总是千方百计延长时间，总是千方百计增加演讲稿的字数。但是这其实犯了演讲的大忌，尤其是当你的演说平淡无奇时，说得越多只会让听众感到厌烦。

比如很多领导者喜欢开会，喜欢训示员工，喜欢发表长篇大论的演讲，有时候虽然是工作需要，但是也要注意效率，要照顾到员工的情绪和心理状态。首先，你说了那么多，大家肯定会认为你是一个表达能力不行的人，一句话要当成三句话来说。其次，大家觉得你是一个喜欢炫耀和作秀的人，说得越多无非是为了显摆自己的文章和口才。再次，长时间当一个听众，很容易产生抵触情绪，到最后反而没人愿意听你说话。可以说，你说得越多，员工们能够接收的信息反而越少，他们可能会将你的话忘得一干二净。

所以领导者平时应该尽量把话说得简洁精练一些，能够一句话说清楚的，就不要唠唠叨叨喋喋不休说个没完。实际上经常长话短说还能够提高自己的演说能力，能够增加自己的魅力。很多时候，我们都喜欢那些说话简练的人，因为这样的人往往会有一些精辟的观点，往往会说出一些非常有节奏感和内涵的话。但是当你认真去分析那些话时，就会发现那些话早就被人说过很多次了，但是他对此做了总结和浓缩，而浓缩就是精华。

听众更乐意听简短的话，这样的话简单明了，不拖沓烦琐，让人感到愉快。此外，相对于长篇大论的平淡无奇，简练的话说起来更富有节奏感，更能调动人的情绪，而且更容易深入人心，被人记住。所以年轻创业者在说话的时候，一定要做到简洁明了，一定要注意长话短说，把话说得越简单，事情也就越容易解决，别人也就越容易接受。这既是对自己能力的一种考验和证明、是对自己魅力的一种展示，同时也是对他人的一种尊重和理解。

谦虚的说话风格，养成以人为尊的说话习惯

阿里巴巴走到现在不是马云一个人的功劳，而是 9000 名员工和中国经济高速增长的贡献。如果有人在书里写马云多厉害，拜托大家千万不要相信，做企业还是踏实点好。

——马云

一提到马云的说话方式，很多人的第一印象就是高调、狂妄、喜欢说大话，不过其中存在诸多的误解。马云虽然是一个狂放之人，也经常会说一些“大话”，总是让别人听着很不舒服。但事实上，他所说的那些话其实都没有吹牛，现在淘宝网成功击败了 eBay、雅虎等竞争对手，阿里巴巴成为了全世界最有竞争力的电子商务公司之一，现

在更是找不到对手。马云当年所说的狂言实际上都兑现了，这就证明了他不是一个耍口舌之争的狂人。

其实，在日常生活中，马云是一个很谦虚的人，他非常敬重别人，也非常敬重自己的对手，从来不会表现出盛气凌人、不可一世的姿态，相反，总是保持低调姿态。面对自己的成功，他说 80% 的人都能够成功；当他回首往事谈论成功时，他说自己的成就含有运气的成分，而且对未知的社会规律感到敬畏；当马云收购雅虎中国后，马云对媒体说雅虎中国值得自己去学习；当别人都在称赞他是中国最出色的企业家时，他将荣耀给了其他的企业家；当阿里巴巴上市赢得一片喝彩时，马云谦虚地说上市只是一个加油站，阿里巴巴希望持续发展 102 年，而现在它只是一个 8 岁的孩子。

在阿里巴巴上市的时候，马云曾经感到非常不安，他对别人说："自己觉得，最近一下子名气大了起来，一下子别人觉得阿里巴巴这么厉害，马云这么厉害，特别是上市以后，人们看我的眼光不对劲了。媒体也跟着起哄，我们可能会自己忘掉自己。"

无论在任何时候，马云在内心都是低调的，他在说话的时候，都能够懂得以人为尊。有一次，当有人当着比尔·盖茨的面赞美马云是来自中国的比尔·盖茨时，马云感到很惊愕，当时下意识地说了声"很惭愧"，这一幕被盖茨看在眼里。后来有人问盖茨谁会是下一个比尔·盖茨或者谁会是下一个世界首富时，他毫不犹豫地说："中国的马云。"

正是由于马云说话时常常保持谦卑的姿态，他才能够受到很多人的欢迎，当然不能否认马云说话语气具有一定的煽动性，但这种煽动性往往是出于吸引别人的注意力，而非狂妄或者对人不敬。严格来说，马云是一个低调谦卑的人，至少在绝大多数时候，他都是谦虚对待他人，说话时也是以尊重他人为本的。

葛洪说："劳谦虚己，则附之者众；骄慢倨傲，则去之者多。"一个说话傲慢、为人不谦虚谨慎的人，常常会被他人排斥，而那些说话低调谦虚的人则更容易被人接受。杜甫的祖父杜审言就是一个轻狂傲慢的人，说话的时候常常骄傲自大，每次和别人谈论文章，他都自认为文采比过屈原和宋玉，而书法赛过王羲之，于是大家都不喜欢和这样的人待在一起，他的好朋友也是少之又少。事实上，杜审言的成就不大，他的文章只能算是一般，至于书法更是平淡无奇。

做人还是应该低调一些，谦卑一些，尤其是说话的时候，更是要懂得尊重他人，要考虑别人的感受。比如瑞典前首相帕尔梅是一个十分低调的人物，他常常步行上班，而且会主动和路人打招呼，和别人谈论一些生活和工作的事，而说话的时候总是谦虚有礼，平和缓慢，让所有人都觉得自己受到了尊重，所以大家都将他称为"老朋友"以及"全瑞典最值得信赖的朋友"。

其实想要养成谦虚低调的说话风格，那就一定要注意一些细节。首先，不能在人前卖弄自己。很多创业者一旦取得小成绩，就认为自己是成功人士，就喜欢在别人面前炫耀自己过往的功绩，可事实上没有人真正愿意听你自夸。你越是卖弄，在对方看来，反而越像是一种示威，所以对方一定会产生反感。

其次，不要总是说"我怎么样""我以为""我感觉"之类的话。"我"是一个非常自我的词，很多时候，会让人觉得你这个人很自以为是，觉得一切都在围绕着你转，所以这不是一个好的措辞方式。最合理的是用"我们"或者用其他词替代，比如，马云很少说我怎么怎么样，而是说阿里巴巴怎么怎么样，这就是一种技巧。而且和别人交谈时，要多用“您”，这样代表着你尊重人家。

再次，不要随意和别人争执。每个人都有自己的观点，每个人对于事物的看法往往不同，不过即便如此，你也没有必要总是和别人争吵，更没有必要动不动就对他人的观点进行批评和指正。也许你是对的，但是从姿态上来说，你应该尽可能地顺着对方。俗话说：“人生至愚是恶闻己过，人生至恶是善谈人非。”说话要谦虚谨慎，要懂得维护别人的面子和尊严。

最后，则要经常向别人请教。孔子说：“三人行必有我师。”别人即便比你地位要低，能力也比你更弱，但是别人身上也有你不具备的东西，别人在某些方面的知识量也会远远超过你，所以做人要谦卑一些，要懂得经常向他人讨教问题，这种低姿态实际上给予了他人最大的尊重。

其实，对于创业者而言，也许你比其他人更加成功，也许你的能力更加出众，也许你更富有远见和想法，但是在和别人说话的时候，不能用自己的能力和地位来主导自己的说话语气和说话方式。凡事还是应该低调谦虚一些，多说一些谦卑的话，多说一些低姿态的话，这并不是妄自菲薄，而是一种说话的技巧，一种与人融洽相处的艺术。

有原则的话才有分量

原则是不能变的，假如我们所有人放弃了原则、放弃了理想、放弃了坚持、放弃了走正路走阳光路，那么结果会怎样呢？

——马云

众所周知，马云是一个非常讲原则的人，无论做什么，他都有自己的一套准则，都有自己的方式，他不会因为某些人的喜好，不会因为环境的干扰，不会因为一些特殊情况而轻易改变自己的原则。在说话方面，马云也是一个原则性非常强的人，他总是按照原则来讲话，而且讲的也是一些有原则的话，他从来不信口胡诌，也不会说一些没有原则没有立场的话。

李一道长曾经因为诈骗等罪名被捕，结果媒体一下子就挖出很多和李一道长密切交往的名人，其中有富翁，有明星，也有企业家，马云也被卷入其中。正因为如此，马云也在李一事件之后成为了大众口诛笔伐的对象。可是马云始终没有为自己辩解多少，他还是愿意公正客观地看待问题，看待李一道长。

他曾经对媒体说过这样一段话："我把他当朋友。怎么了？你说我怎么有这样的朋友。我有这样的朋友怎么了？李一怎么了？有天到大学里面很多人说李一，我说请在座的诸位告诉我谁见过李一？都没见过李一，你们凭什么说李一害人？是他骗过你一分钱了，还是怎么了？没有。莫名其妙在骂，跟文革一样。我说我见过李一，他没骗过我一分钱。什么是我朋友？他对我好。我朋友要是杀人放火，只要他对我好，他就是我朋友，该国家惩罚他惩罚他，把他抓进去，我会给他送饭。这是朋友。李一是我朋友，今天我还这么说。李一没害过我，李一没骗过我。别人这么讲，我不喜欢。"

在这里马云并没有因为李一是朋友而为他辩护和开罪，他觉得犯了错受到惩罚是应该的，但是他也没有急于和对方撇清关系，他觉得对方依然是自己的好朋友。马云曾说过自己并不认为李一真的多那么神乎其技，但是他欣赏李一对于道家文化的理解和解读，马云也乐于听他讲解来放松自己。由此可见，马云是一个讲义气的人，是一个很有原则的人，所以他也呼吁众人要客观公正地看待李一道长。

是对的就是对的，是错的就是错的，没有必要去掩饰什么，也没有必要去刻意抹掉什么，马云就是一个率性的人，一个原则性很强的人。大家一定还记得阿里巴巴的融资事件，阿里巴巴曾经数次融资，但是马云每次融资之前都对自己的股东说过一句话：“你要投资可以，但是阿里巴巴还是我马云来掌管。”他的原则就是融资不能超过 49% 的比例，这是硬性规定，哪怕你出再多的钱也不行，这就是马云的基本原则。正因为有原则，他的话才有足够的分量，所以无论是孙正义还是雅虎，实际上都愿意接受马云的提议。

现如今有很多人为人处世没有原则性，容易变卦，所以常常缺乏主见，这样的人往往没有足够的震慑力和威望，所说的话自然难以服众。今天说这，明天又说那，每天都在变换，说话没有中心，没有立场，没有一个最基本的约束，这样别人很难愿意迁就你，也不会和你这样的人打交道，因为一个没有原则的人往往也是善变之人，是一个不能自己做主的人。

做人应该有自己的原则，自己是什么就说什么，自己怎么想就要怎么说，至少不能轻易变卦。你对人家说，这样可以，那样也行，换成另外一种也没问题，那么别人就难以准确把握你到底在想些什么。有时候说什么就是什么，别人怎么说，你就跟着怎么说，这很容易迷失自己的方向。

原则就像植物的根一样，是最基础的东西，是一个人为人处世的基石。如果根基不稳，或者说没有根基，那么你所说的话就没有任何分量，就很容易被人驳斥和无视。对于创业者来说，往往应该有自己的主见，有自己的想法和办事方法，更应该有决策权，如果自己拿不定主意，常常在各种不确定中游移，常常无原则无主见地听从别人的意见，那么就什么事也办不成。如果这种人当领导，相信也没有足够的威望，大家也不会愿意跟着他去创业。

所以对于想要创业的人来说，说话办事一定要有自己的原则，该怎样去说就怎样去说，要做到客观公正，要是非分明，要有理有据，不能随着时势变化而做出改变和偏袒。每个人都有自己的立场和基本的价值观，这就是原则的一部分，这就是你立人立世的资本。如果办事不讲原则，今天说一明天说二，那么就会失去自己的前进方向，也会让你的员工对你失去信心，因为员工如果跟着一个不确定的老板，那么他们的未来也一定不明朗。

当然说话讲原则并不是让你说话不经大脑，说话不转弯，不是让你有什么就直接说什么，其实人有时候也要讲求灵活性，说话的时候也要注意灵活应对，要视具体的情况而定。但是灵活性也应该建立在原则性的基础之上，你的价值观和观点不能改变，你对事物的看法应该被定型定性。也就是说你的大方向不能变，至于走路的方式，你偶尔可以转个弯，也可以直着去走，这都没有什么关系。

说话“拽”一点儿又何妨？

当你成功的时候，你说的所有话都是真理。

——马云

在某次采访中，主持人根据马云以往的说话方式和言语记录来对马云做出评价。他当时送给了马云一个字——拽，这个词其实也被台下的大多观众所认可，因为在他们看来，马云身上就是有着一种很拽的劲头，尽管表面上看起来瘦弱，而且其貌不扬，但是只要一开口说话，就会发现他其实真的是一个有点张狂，有点拽的男人。而对于这样的评价，马云也只是笑着点点头。

说马云很狂很拽，这的确不算过分，其实马云之所以喜欢说那些很拽的话，原因只有一个，那就是博取眼球，简单来说，他只是想要达到语不惊人死不休的效果。对他而言，如果说话不能吸引别人，不能让人印象深刻，那么还不如不说。正因为如此，他才会时而犀利、时而狂妄、时而另类，总是听着很振奋人心。在马云看来，他要的就是这种效果，要的就是与众不同，要的就是一鸣惊人，如果平平淡淡，像和尚念经一样，那就没有任何说的必要了。

比如某次有人问马云是不是还有什么对手时，马云拽拽地回答说："我拿着望远镜也找不到对手。"这句话被很多同行记在心里，他们都想着和马云扳手腕，想着给马云一点儿颜色看看，但是毫不客气地说，目前中国市场上还没有人能够追赶上马云的脚步。所以说马云的拽其实更多时候是一种自信，正像有些人所说的，拽并不是一种狂妄的姿态，而是一种无知者无畏的境界，要么就是一种有底气有自信的心态。马云显然属于有底气的人，他从来不想掩饰什么，自己怎么想的，就会怎么说出来，他觉得自己能够做到，觉得自己并没有言过其实。

中国人从小接受的教育就是要低调，从小就被灌输做人不能太骄傲这类思想，可是马云是个异类，他从来不狂妄，但是也不会刻意掩饰自己，他觉得自己有能力就要展示出来，觉得自己有本事，就会告知所有人。由于这种率性和大胆是对传统观念和道德思想的一种冲击，所以马云几乎成为了全民偶像，大家都被这种拽拽的语气所吸引，都被他这种自信的豪言壮语所吸引，他的拽无疑增加了个人的魅力。

所以对于马云来说，拽一点儿又有何妨呢？他比别人更拽，所以比别人都要更成功，他比别人更拽，所以也比其他人更富有魅力。其实作为一个企业家，作为一个公众人物，人格魅力往往很重要，因为人格魅力本身就是一种优势，是一种资源，能够利用好这种资源无疑能够为自己的成功铺路。对于创业者或者企业家来说，如果缺乏足够的魅力，如果没有什么个性，如果总是表现得平淡无奇，那么又拿什么来吸引你的员工呢？而马云只要一开口，就可以激起员工的斗志，就可以为阿里巴巴的所有成员带来鼓舞，就能够为阿里巴巴扩展知名度，既然有如此多的好处，那么马云何乐而不为呢？

说话透着邪气透着张狂的人往往更具有煽动力，因为这些人实际上点中了人心最软弱的地方，实际上迎合了大众的需求，因为每个人其实都想狂放一下，每个人都希望自己有朝一日也可以拽拽地秀一把，但是碍于社会道德，很多人都会选择低调，选择当一个平凡人，愿意平平稳稳地说话，愿意平平稳稳地与人相处，这种自我克制的自卑心理往往是大众心理的主要成分。不过越是这样，他们内心的欲求就会越强烈，他们就越是希望释放出自己的想法，而说话很拽的人恰恰满足了这种深藏在内心深处的欲望，可以说这种说话方式为所有的人打开了一个宣泄的窗口。所以就不难理解为什么会有那么多的人愿意听马云演讲，并且听得如痴如醉。在他们看来，马云其实就是一个代言人，一个打开心窗的使者，所以马云所说的话能够引起大众的情感共鸣。

其实早在新文化运动时期，中国就有很多演讲大师，包括陈独秀、李大钊等人，尤其是陈独秀，他的骨子里本身就透着匪气和江湖气，一旦匪气和才气相结合，那么他的话就有很强的感染力，能够轻易突破人心。所以他说话的时候往往也是很拽，很有煽动性，让人听了热血沸腾，正因为如此，他才有广泛的号召力。

有人戏言，一个好领导可以不需要有多少才能，但一定要有好的口才，因为领导是发布命令的人，是指挥和管理别人的人，是一个引导别人的人。领导能够把话说好，能够把话说得很巧妙，那么就能够吸引下属的关注，能够树立自己的权威，也能够更好地让别人接受自己的管理理念。当然好口才离不开自信，离不开充足的底气，都说一个熊领导只能带出一支熊队伍，好的领导应该有自信、有魄力、有威望，当然，威望的建立首先就要从说话方式上加以改善，说话要有气势、有力量。

其实领导说话拽一点儿的话，往往更具魅力，员工们更愿意接受和服从命令，事实上就连员工自己往往也会觉得有底气，觉得很给面子，而这是自豪感和归属感的先决条件。所以创业者不妨拽一点儿，不妨说得拽一点儿，这样实际上于人于己、于整个企业都有好处。

“倒立看世界，一切皆有可能”

当你倒立时，世界就会变得不一样。

——马云

2003 年，马云在阿里巴巴公司里制订了一个非常奇特的规定，那就是每个进入淘宝网的员工必须学会靠墙倒立，无论是高矮瘦胖，一律都要坚持在 3 个月内完成这个工作，男性需要坚持倒立 30 秒，而女性要坚持 10 秒。马云之所以要求员工做倒立动作，就是因为在他看来经过倒立之后，每个人眼中的世界就不一样了。马云说每个人都应该懂得倒立，应该尝试着从不同的角度和立场去看待问题，去分析问题，这样才能够更好地理解别人的做法，也才能够更好地解决问题。在与人交往的过程中，马云常常也会采用倒立的方法，换一种角度和方法来与人沟通。

当年马云接受软银的邀请去接受评估，其实此前虽然阿里巴巴接受了高盛集团 500 万美元的投资，但是马云认为这笔资金还远远不能解决阿里巴巴的资金问题，所以他决定去软银那里试一试，最好能够成功获得融资。那一次，马云通过 6 分钟的精彩演说打动了软银的总裁孙正义。

当孙正义问他："你需要多少钱时？"马云知道对方已经看中了阿里巴巴，因此一定会主动出击，如果这时候自己迎头而上直接提出报价，反而会让自己陷入被动状态，于是他选择了另一种方式来回答："我不是来要钱的，我们不缺钱。"这句话着实让孙正义大吃一惊，他一下子就猜不透马云的想法了，很显然正是由于马云懂得换位思考，从另一个角度来讨论问题，才将阿里巴巴从一个请求者的位置转变成为一个被人追求的公司。最后，阿里巴巴如愿获得了软银 2000 万美元的投资，一下子就解了燃眉之急。

在公司内部开会的时候，马云也常常自如运用倒立的交谈原则，有时候公司为了一项计划而进行公投，结果绝大多数的人都说好，这时候，马云就会站出来泼冷水，就会直接否定掉。很多员工不理解，为什么大家都说好的，马云非得要说不好呢。对此马云的解释是："如果一个方案有 90% 的人都说好的话，我一定要把它扔到垃圾桶里去。因为这么多人说好的方案必然有很多人在做了，机会肯定不属于我们。"正是因为如此，他的话总是让人信服，大家也都愿意听从他的话。

这就是马云的倒立法则，这就是马云的沟通技巧，他总是采用不同的方法和角度来阐明自己的观点，总是站在不同的立场来分析问题。一个人总是用常规的思路想问题，总是用常规的手段去做事，有时候不一定会把事情做好。一个人总是从自己的角度说话，总是急于阐述自己的观点，也难以真正说服别人。有时候需要站在别人的角度来分析问题，有时候要懂得从不同的角度来说话，只有这样才能把话说好，才能把话说得更有内涵，也才能让对方接受你的观点。

同样一杯水，有人会感叹剩下了半杯，有的人会庆幸剩下了半杯；有人会认为是剩下了半杯，有人会觉得是刚刚加进去了半杯；有人会思考这半杯水将被如何消费掉，有的人会考虑这半杯水从哪里来。同样一件事，从不同的角度来看，从不同的角度来说，就会有不同的解读方法，就会存在不同的答案，就像一千个人眼中永远会有一千个哈姆雷特一样。我们不能人云亦云，但也不能认定自己的就是正确的，凡事应该换位思考，应该换各种方式思考，只有参考每个人的想法，才能把话说圆满。

其实说话需要讲究技巧，不能一根筋，想到什么说什么，也不能自己认为是什么就说什么，每个人说话的目的都是为了说服别人，既然是这样，就要懂得揣摩对方的心理，懂得换一种方式去看待问题，这样才能够将问题看得更加全面，这样才会让自己的话更具有说服力和感染力。如果一上来就“我认为是这样的”“我认为应该这样做”，那么一旦对方的想法和你有出入，一旦你的想法存在错误，那么就会失去足够说服力，别人自然不会信服你。

如果你想要创业，想要成为领导者，那么就一定注意自己的说话方式，在对自己的员工、客户说话时，不能总是坚持从自己的立场看问题，不能总想着用常规方法来想问题，更不能总是以自己为中心去说话。你想要说服对方，想要让自己的话更有分量，那么就要懂得全方位地考虑问题，要懂得选择不同的位置和角度来想问题，只有这样你才能将话说得滴水不漏，才能把话说得让人舒服，才能让人更容易接受。

点到即止，暗示比直言更有效

有时候把话说得太明白了，就没味道了。

——马云

中国人说话做事喜欢隐晦一些，做人往往很委婉，不喜欢把事情挑明，不喜欢把话说得太明白。其实这是一种技巧，而且往往具有很大的作用。事实上有时候把话说得太明白反而不好，一方面中国人喜欢追求朦胧美，觉得什么东西只要点到为止就是最佳状态，所以酒要喝到微醺，文章写到意犹未尽，话则讲一半藏一半，只要能够领悟其中的意思就行，一旦把话说破、把话说透就没有任何意思了，所以最好的状态是点到为止，大家心照不宣往往是最好的。

另一方面，说话往往要看情况，要看对象，尤其是当场面比较尴尬或者有些话不方便直接说出口的时候，就要顾及他人的面子和尊严，只是旁敲侧击进行暗示和提示即可，只要对方能够明白你说了什么，能够意识到你话中的意思，那你就没有必要去捅破那层窗户纸。

其实能说会道并不意味着你要多说，诚实待人，并不意味着你要实话实说，想要提醒别人，也用不着直接去陈述，有时候说话需要委婉一些，需要采用暗示的手法。只可意会而不可言传是一种非常高明的境界，代表了一个人的说话水准，它能够恰到好处地指出问题所在，能够说出自己的观点，同时又不会显得太过明显，更不会因此而伤害其他人。

马云也是一个说话高手，他的说话艺术比很多人都要更为高明，比如当马云准备终止和腾讯之间的打车软件之争时，马云隐晦地说打车软件让自己的母亲遭遇坐车难，让很多不懂得使用打车软件的老人和小孩的利益被忽视了，其实这只是一个台阶，但是马云既没有挑明，也没有否认，一个巧妙的暗示就让自己远离舆论风暴。

这是马云一贯的作风，当年在颁奖典礼上，他说了一句“男人的才华往往和长相成反比”，其实这句话也是一句暗示语，他并没有直接承认自己长得很丑，并没有认为自己很有才华，并没有指出自己是成功人士，也并没有说其他的人就不如自己，但是通过这句话，大家都能够知道他的意思是什么，都能够了解他说了些什么。但是很少有人会真正挑破这句话，因为没有人愿意说自己很丑，也不会有人愿意承认自己没才华。

有时候说话的方式很重要，同样要表达一个意思，有些人直接说出来，会变得没有味道，而且会受到别人的攻击和误会。但是如果进行暗示，如果采用更隐晦的方法来陈述，那么反而能够把握重点，能够让所有人都接受自己的观点。

在一次新人见面会上，老总拿着名单开始点名，希望点到的新员工站起来做一下自我介绍，结果当老总念到“he”强时，他发现没人站起来，于是又重新念了一遍，结果还是没人站起来。这时候有个小伙子怯生生地站起来，对老总说：“对不起，我叫郝强，不叫赫强。”

很显然老总把员工的名字念错了，这自然会成为大家的笑话，所以老总当时就觉得很丢人。不过，此时老总的秘书站起来说道：“对不起，张总，名单是我打错了，真不好意思。”这无疑给老总下台阶的机会，所以老总故意冲着秘书说：“下次要注意一些。”没过多久那位叫郝强的员工被辞退了，而秘书却更加受到了老总的器重。

其实郝强并没有犯错，他也只是实话实说，但是却因为过于明显，而损害了领导的面子；而秘书却能够巧妙地进行暗示，轻轻松松将尴尬敷衍过去，维护了领导的尊严，所以两个人的结局自然是千差万别。所以对于年轻人来说，一定要从中吸取经验教训，要懂得如何将话说活，如何将话说得滴水不漏，如何让人在接受的时候不会产生抵触情绪，这才是说话的艺术和技巧所在。

第十二堂

处世的艺术：处好世才能立好业

/ 尽可能多地结交同行业中的大老板

/ 创业者应该学会和不喜欢的人相处

/ 指出我们错误的人，才是真正的朋友

/ 记住别人的好，忘记别人的坏

/ 上当不是别人太狡猾，而是自己太贪婪

/ 勇于承认错误，不为面子活受罪

/ 不要在乎别人说什么

尽可能多地结交同行业中的大老板

我和比尔·盖茨、巴菲特都是很好的朋友。

——马云

斯坦福研究中心曾经发表过一份调查报告，12.5% 的人依靠知识获得成功，87.5% 的人凭借关系取得成功，而凭借关系成功的人中，大约有 30% 的人是因为遇到了贵人，也就是我们常说的优质人脉。

都说人脉就是财富，一个人的人脉关系越多越广，一个人认识的朋友越多，那么路子肯定越多，手中掌握的信息和资源也就越丰厚。世界人脉关系大师哈维·麦凯说："建立人际关系就是一个挖井的过程，付出的是一点点的汗水，得到的是源源不断的财富。"只要将井挖得够深，那么井水肯定也就越多。如果说找到那些优质人脉，结交一些贵人，那么手中的资源就会更加丰厚，井水的数量和质量都会有明显的提升，我们的竞争机会也会越来越大。

对于创业者和企业家来说，最常见的贵人就是那些大老板，这些大老板往往掌握着资金、技术和市场，要是能够结交这样的好人脉，那么无疑会增加成功的机会。更重要的是大老板实际上也拥有自己的人脉圈，他们手头上的人脉资源也很广泛，而且更加优质，结交了这些人等于给自己找到了一座小金库。

马云就是一个善于结交大老板的人物，在他看来，如果自己没有足够的资本和能力去生存，没有足够的能力去和别人竞争，那么就可以去结交一些优质人脉，可以为自己找一个靠山或者强大的帮手。在阿里巴巴成立之初，遭遇了严重的资金危机，没有办法，他只好采取融资的方法，其中他遇见了生命中最重要的一个大老板，那就是软银公司的总裁孙正义，可以说正是因为结识了孙正义，阿里巴巴才有足够的资本来发展。

除了认识孙正义，马云还和国内的许多商界大咖有交往，像牛根生、史玉柱、柳传志等人，哪怕是在国际上，他也和盖茨、巴菲特这样的世界级巨富有亲密的往来。很显然，马云并不一定是为了从他人那里获取什么利益，但是不可否认的是，和这些人经常在一起能够拓展自己的眼界，能够开发自己的优质人脉。马云常常谦虚地表示自己从其他企业家那里学习到了很多的经验，而且，很多大企业家曾经给马云提过中肯的意见和建议，这些都是马云和阿里巴巴额外的财富。

也许很多人会认为经常和那些大老板接触，主动去结交和认识那些大老板，往往有拍马屁的嫌疑，但是从生存和发展的角度来说，你认识的人物级别越高，你认识的人物越有权力和资源，那么对你的帮助肯定越大，你成功的机会肯定会增加。都说“好风凭借力，送我上青云”，那些大老板、大人物往往会成为你的靠山，往往能够让你平步青云，少花很多时间去奋斗。

美国总统奥巴马就是一个很鲜明的例子，奥巴马原来只是一个普通的黑人青年，既没有什么政治背景，也没有亿万财富的身家，但是他有一个巨大的优势，就是在哈佛商学院中结交了很多商界名流，这些人在奥巴马的竞选中为他出谋划策，还提供了大笔的美元来为他造势。更重要的是这些商界的大老板了解国家的经济状况，他们对奥巴马说只要拿经济问题说事，只要能够切中经济问题的要害，就一定可以争夺更多更多的民心，结果奥巴马顺利击败了自己的竞争对手。

有句俗语说："与一流的人交往，自己也容易成为一流的人物。"当你走近大老板并走进他们的生活交际圈后，你的见识就会得到提高，你对于事情的看法和处理方式也会得到改变。所以说环境能够改变一个人，好的环境能够造就一个人，当然想要创造一个好的环境就需要自己去努力，需要自己去主动结识和拉拢那些有钱有势的大人物。

所以对于创业者而言，结交更多的大老板其实就是一种变相的走捷径，只要你认识的人多，只要你结识的人有实力，那么对你的创业就有帮助。当然想要成功结交那些大老板，你必须要有出色的沟通技巧，要了解大老板的思想，要了解他们的喜好，要进入他们的生活圈，要懂得察言观色，要懂得尊重对方，而且还要有非凡的勇气，只有具备这些最基本的要素，你才有机会靠近对方，才有机会结识他们。

创业者应该学会和不喜欢的人相处

我和你一样，不愿意和不喜欢的人交往。但是对于客户，哪怕你很不喜欢他，你也要尊重他，不要把客户当白痴。客户不喜欢你，一定有他的原因和理由，对于同事也一样，你不喜欢他，可以不跟他做朋友，但一定要成为同事。

——马云

这个世界总是会有一些人不是你喜欢的，总有一些人让你感觉到别扭甚至是反感。但是对于创业者而言，每天都会遇到形形色色的人，每天都可能遇到那些自己看着不顺眼的人，而且你每天都必须和这样的人打交道，因为这些人很可能是你的客户，很可能会成为你的合作伙伴，很可能是你最大的帮手，哪怕你们之间暂时没有什么关系，你也要懂得和他们友好相处，你一定要懂得忍耐，要懂得主动接受那些你不喜欢的人。

社会学家张婷曾经说过：“作为一个社会活动家，你要做的就是容忍，容忍你身边的人，还要容忍你的对手以及厌恶的人，因为即便大家成不了朋友，但是也不要轻易成为敌人。”很多时候，我们容易感情用事，喜欢的就拼命靠拢，不喜欢的就想方设法排斥，这样很容易引起误会，也很容易失去发展的机会。因为如果这个人很有能力，对你有很大的帮助，那么你的排斥很可能会让自己失去更多的帮助。如果这个人和你是对手，那么你的排斥一定会引起对方的反击。

所以做人应该保持理性和克制，即便是自己不喜欢的人，只要好好相处，双方也有机会变成很好的伙伴，至少双方的关系不会变得更糟。实际上这是一种很好的锻炼方法，可以提高自己的交际能力，因为如果你连一个讨厌的人都能够接受，都可以好好相处下去，那么无论人际关系中出现什么问题，都能够有效得到解决。

马云在这么多年的工作中，也遇到过形形色色的人，其中有很多人都是他所讨厌的，他甚至都不想和他们说话，但是这些人中有些是同事，有些是合作伙伴，有些是非常重要的客户，这些人关乎着阿里巴巴的生存和发展，这些人能够为阿里巴巴带来足够的利益。所以马云情愿放下立场、放下成见，主动对他们示好，主动去和对方打交道。

很多人都说马云和孙正义之间有矛盾，而且两个人闹得很不开心，马云并没有否认，在他看来孙正义为人太过精明，而且自私自利，常常不顾及员工的利益。比如马云常常认为公司应该留住老员工应该培养新员工，但是孙正义却认为公司和员工是雇用关系，只要出钱，那么换成别人来做也是一样的。还有就是股权问题，阿里巴巴经常讲股权稀释，分给员工，而孙正义却从来不曾这样做，这实际上违背了阿里巴巴“员工第一，客户第二”的原则，所以两个人之间存在很大的分歧，马云也看不惯他这一点。但是马云从没有和对方真正闹翻，有时候依然像朋友一样，很简单，孙正义是股东，阿里巴巴和马云都需要他，都需要他提供帮助，这是公司利益驱使下的必然选择。

有些人认为马云犯不着和自己不怎么喜欢的人在一起，这不是违背了做人的原则了吗？其实马云之所以继续和对方合作恰恰是为了坚持自己的原则，坚持以阿里巴巴的利益为先的原则。如果马云是一个意气用事的人，如果马云是一个疾恶如仇，想到什么就做什么的人，那么实际上阿里巴巴就不会有今天的成就。

有位哲学家说过：“人有千面，但是只要抓住对你有利的那一面就行了。”的确，每个人都会扮演不同的角色，他可能是个小人、是个失败者、是个卑微的人、是个阴谋家，但也许是个很好的合作伙伴，是个精明的商人，你不能从感情方面来衡量一个人是否值得结交、来衡量这个人是否值得尊重。对于创业者来说，你并没有太多的选择，所以如果他对你有帮助，或者会对你的利益造成影响，那么就要谨慎处理彼此之间的关系，就要懂得和对方友好相处。

很多创业者做人做事很有原则，不喜欢那些浮夸的人，不喜欢那些成天吹牛说大话的人，不喜欢那些成天炫耀的人，不喜欢那些好大喜功的人，不喜欢小人得志的人，不喜欢那些自以为是的人。不过，在生意场上，只有合作或者竞争的关系，只有挣钱或者不挣钱，而很少有人拿道德标准说事，更不会有人按照你的标准行事。为了生意，为了发展，有时候你必须委屈自己，必须放下心中的成见和对方打交道，要主动放下架子。

如果你为了清高，为了自己的原则，为了明哲保身，不同流合污，那么你很可能什么生意也做不成。很多人说社会是个大染缸，你想要清清白白做人，就不要跳下去。相反，如果你觉得自己想要生存和发展，那就放下心中的成见，主动去适应这种生活环境。一个创业者既然想要创出一番事业，既然想要取得成功，那么就必须提高自己的交际能力，就必须懂得和那些可能对自己有帮助的人打交道，包括自己最厌恶的那一类人。

指出我们错误的人，才是真正的朋友

那些私下忠告我们，指出我们错误的人，才是真正的朋友。

——马云

什么是朋友？很多人会认为帮助自己的人是朋友，赞美自己的人是朋友，能够处处维护自己的人是朋友，愿意帮自己掩藏错误甚至背黑锅的就是朋友。这些人也许真的可以称得上是朋友，但是真正的朋友应该是懂得关心你，而且打心里关心你并愿意为你考虑的人。我们常常说忠言逆耳，其实说那些逆耳忠言的人才是真正的朋友，因为他们不会敷衍你，不会做表面文章，他们是真正能够为你着想，真正从你的角度看问题的人。

其实很多时候我们都会犯错，而犯错之后就会害怕听到批评声，害怕别人对自己的错误指指点点，而且总觉得那些表扬自己、夸赞自己，那些能够替自己掩饰错误的人才是真正值得信赖的人。但事实上，别人对你犯下的错误越是包庇纵容，越是视若无睹，实际上就越是在害你。因为当别人都在帮忙掩饰错误的时候，你实际并没有从中吸取教训，那么下一次你可能还会犯同样的错误，甚至会犯下更大的错误。如果在你犯错的时候，有人能够从旁进行提醒，能够进行批评和约束，那么你反而会意识到问题的存在，反而能够更好地面对错误并解决错误。

真正的朋友应该是那些指路人，是那些帮助我们找出错误的人，因为只有他们不断进行提醒，我们才能够避免犯下更多的错误，只有他们不断进行鞭策，我们才会获得进步。好的朋友不仅仅只是说好话的人。相反，很多说好话的人不一定是好朋友，经常批评的人也不一定深怀恶意，正是因为他在意你，正是因为他不想你吃亏或者走弯路，所以才愿意指出你的毛病。

唐太宗是历史上有名的贤君，但是他实际上一生中也犯过很多错，不过每次犯错的时候，下面的官员都睁一只眼闭一只眼假装没看见，有的甚至还借机吹捧一番，但是魏徵每次都要站出来当面指正错误，然后批评一番。李世民自然觉得很失面子，他曾经数次扬言要杀掉魏徵，但是事后冷静下来又觉得魏徵说得很有道理，认为魏徵才是真正关心自己的人。魏徵死后，李世民十分难过，忍不住对左右官员说："以铜为镜，可以正衣冠。以古为镜，可以知兴替。以人为镜，可以知得失。魏徵没，朕亡一镜矣！"

马云贵为阿里巴巴的一家之主，虽然并没有魏徵那样的诤臣，但是他也是一个愿意接受批评，是一个愿意把批评者当成朋友来看待的人。当初，他曾经将自己的人全部撤下来，然后雇用外面有学历的人来管理阿里巴巴，那时候很多人就批评马云"见利忘义"，批评马云不懂得阿里巴巴的实际情况就照搬模式。一开始马云觉得挺不开心的，但是后来实践证明了马云的确犯了错误，还是老员工最适合阿里巴巴，所以他坦然接受了别人的批评，而且将批评者当成朋友来对待。

马云说自己也犯过很多错误，比如当年很多员工替产品不合格的卖家认证引发的诚信危机，当时批评声铺天盖地而来，马云欣然接受，不仅出来道歉，而且对公司内部的管理人员做了严肃处理。因为有人出来指出错误，你才会意识到这些错误可能造成的后果，如果没有人说，那么错误就会越来越大。

那些批评你的人，那些总是指出你身上毛病和缺陷的人，尽管总是让你感到反感，尽管总是让你觉得不近人情，但事实上，这样的人往往才真正关怀你，因为只有他们能够说出真相，敢于指出问题，实际上就体现出对你认真负责的态度。

《道德经》中说："信言不美，美言不信。"那些忠诚正直、尊重事实的话听上去往往不漂亮，也不会令人非常满意；而漂亮的字句、优美的修辞、悦耳的言谈往往都带有种种夸张色彩，所以不足以深信。帮助你说好话，帮助你掩饰错误的人并非都有恶意，但很多时候都具有某种功利性和目的性，而那些批评的声音尽管不中听，但是却是真心实意，对你的帮助也越大。这就像蘑菇一样，那些色彩鲜艳的蘑菇虽然非常艳丽，但是一般都有剧毒；而那些其貌不扬的野山菇虽然看起来很丑陋，让人觉得很不舒服，但是味道却非常鲜美。所以我们在评价一个人是好还是坏时，不要受制于耳目所得的肤浅信息，也不要被虚假的幻象迷惑，应该透过现象看到本质。

记住别人的好，忘记别人的坏

请记住别人的好，忘记别人的坏。

——马云

有个人问禅师："别人对你好了一百次，但是第一百零一次伤害了你，那么你会怎么看待对方呢？别人对你好了一次，后来却对你使坏一百次，该如何看待呢？别人对你使坏了一百次，第一百零一次对你好，你又该如何面对呢？"禅师回答说："这些问题有什么分别吗？"来人很疑惑："一个人要么对你好，要么对你坏，肯定是有分别的。"禅师回答说："记住那些好的就可以了。"

其实，忘记一个人的好往往很容易，而忘记别人的坏通常都很难，所以一个人很容易对生活产生抱怨，很容易和身边人发生摩擦和隔阂。心理学家也认为，人对于痛苦的感受和印象往往要比开心的感应强烈得多。换言之，人们更容易记住那些不开心的事情，正因为如此，一旦朋友之间、恋人之间出现隔阂，那么就很难恢复到以往的亲密程度了。其实从人际交往的角度来说，从做人的原则来说，一个人不能总是被他人的缺陷所困扰，不能总是抓住别人的小辫子不放。有人说生气就是拿别人的错误来惩罚自己，既然是这样，为什么不直接想办法忘掉别人不好的一面呢？这样实际上对自己也是一种解脱。

有时候我们不妨睁一只眼闭一只眼，对于那些优点，对于别人的帮助，我们不妨睁开眼看清楚；对于那些缺点，对于那些伤害，则姑且闭着眼当成没有看见一样，一个人如果总是抓住别人对自己的伤害不放，总是斤斤计较于别人的缺点，那么久而久之，我们就会认为对方一无是处。如果一个人总是看到并赞扬别人的优点，总是能够记得别人对自己的好，那么彼此之间就可以建立更深的交情。所以做人要记住别人赐予你的恩惠，要洗掉别人对你的伤害，洗掉自己对他人的怨恨，这样才能够真正搞好人际关系。

马云是一个懂得对生活、对他人感恩的人，只要帮助过他，他一定会感激对方。比如很多员工跳槽的时候，马云从来没有露出半点不满，首先他认为跳槽不过是工作的一部分，是很正常的现象。其次他知道那些员工曾经对自己有帮助，曾经对阿里巴巴有过一些贡献，因此不应该因为跳槽的事情而抹杀他们的功劳。

在面对客户的时候，也是一样，马云一生中受过很多恩惠，也得到过很多人的恩惠，但是很多时候那些帮助过他的人也在伤害他，也在伤害阿里巴巴，这些马云从来不去计较，他觉得那些对自己好的人就是朋友，他不会因为对方做了一些不利于自己的事情就怀恨在心，就翻脸不认人。就像孙正义一样，两个人经常因为理念不合而大吵大闹，但是马云认为孙正义是自己的贵人，曾经帮助过自己，所以仍然愿意去交这个朋友，依然愿意和对方合作。现如今有很多小网站和阿里巴巴抢生意，但是马云并不生气，因为阿里巴巴当年曾经依靠它们的帮助和支持渡过难关，所以马云愿意为小网站让利。

清朝的词人纳兰性德说：“人生若只如初见，何事秋风悲画扇。”意思是说人生如果每次都能够像初次见面一样，那么就不会出现矛盾和冲突了。和别人打交道也是如此，要懂得留下美好的印象，要懂得忘却那些不愉快的东西，记住别人的好，忘记别人的坏，这不仅仅是一种好的交际技巧，更是为人处世的一种境界。

做人要懂得感恩，要记住别人身上的好，要懂得去包容和忘却别人身上的不足。我们常常说要接受一个不完美的自己，其实我们更要懂得接受一个不完美的他人，要懂得接受别人身上的缺陷，要忘却别人曾经对自己的伤害。做人不能忘恩，更不能锱铢必较，否则的话很容易拒人于千里之外，也很容易被人排斥和隔离。

创业者如果想要更好地处理人际关系，那么就一定要懂得用感恩的心态去面对别人，只要帮助过你，只要对你有过恩惠，那么就不要斤斤计较自己受到的伤害，就不要斤斤计较别人为人处世的方法是否得当。当你对别人心怀感恩的时候，别人也会更加信任你，当你懂得包容和忘记别人的缺陷时，对方也会更加尊重和感激你。

上当不是别人太狡猾，而是自己太贪婪

上当不是别人太狡猾，而是自己太贪婪，是因为自己才会上当。

——马云

很多时候我们会被人诱惑，然后落入别人精心编织好的陷阱之中，我们觉得很委屈很冤枉，觉得人心不古，觉得所有人都太过奸诈狡猾，没有做人的基本原则。但是从本质来讲，这并不是因为别人太坏，恰恰相反，而是因为你太贪，只有贪心贪婪的人才会落入别人的陷阱，别人也是因为你的贪婪才愿意编织一个陷阱。

聪明的人不在于他能够分辨出陷阱，不在于他能够识破别人的诡计，而往往在于能够自我克制，不会轻易被外在的东西所迷惑，不会起贪婪之心，所以无论出现什么情况，无论遇到什么样的诱惑，他都能够保持淡定的心态，从而有效避免自己误入陷阱之中。

马云说想要挣钱，就不能唯利是图，更不能贪婪，他总是知道自己真正需要什么，知道自己能够得到什么。马云当年成立阿里巴巴的时候，很多竞争对手都有自己的赢利模式，就是从客户那里收取服务费。但是马云没有那样做，他觉得如果自己冲着钱去，那么淘宝网就没有办法做大做成功，所以最后他决定三年免费服务，结果淘宝很快发展起来。

正因为马云不是一个贪婪的人，所以当其他企业家都在抱怨自己挣钱少的时候，马云却不安地说自己挣钱多了。为什么？因为自己挣钱多了，那些客户的利益就受到了压缩，这不符合阿里巴巴创业的初衷，也不符合阿里巴巴的发展规划，所以马云增加了对客户的投资，从而减少自己的利润。

对客户是这样，对自己的员工马云就更是没有贪婪之心了，其实一开始马云掌控着公司绝大部分的股权，但是这些年来他一直想办法稀释自己的股权，并将这部分股权稀释给更多的员工，而反观其他股东，则没有这样的心胸。尽管自己的股权越来越少，自己的控制力越来越弱，但是马云从不为此担心，他觉得自己这样做可以为员工带来更多的利益，这就是对阿里巴巴最有帮助的事情了。

对于马云而言，这不是在作秀，而是真真切切的实际行动，而是真正地从大局出发。他没有变得贪婪，所以也不会落入陷阱，更不会被其他人算计。而对于很多企业家来说，想要做到这点很困难，因为没有人愿意放弃到手的利益，商人唯利是图的本性很容易压倒理性，很容易让他们失去基本的判断力，很容易蒙蔽他们的眼光，所以最终很可能什么事情也办不好，最终什么也得不到，而且还有可能落入陷阱。

老子说："祸莫大于不知足，咎莫大于欲得。"一个人之所以惹祸上身通常是因为自己不知足，是因为自己太过贪婪，一味去满足自己的私欲和贪念，结果贪心不足蛇吞象，被人设计陷害。鬼谷子则说："欲多则心散，心散则志衰，志衰则思不达。"贪婪往往会让人丧失理智，做事欠缺考虑，不能够明白是非，也不会轻易察觉到别人设下的陷阱，正因为如此，才会轻易被人算计。

"股神"巴菲特曾经一阵见血地指出，炒股就是一种冒险游戏，你的对手就是那些设套的人，你唯一的想法就是不要被人套住，不要落入别人的陷阱中。在数十年的炒股过程中，他之所以能够积累富可敌国的财富，就在于能够躲过那些陷阱。他说："当别人贪婪时，你应当觉得恐惧。"这就是他获得成功的重要方法。

创业者当然是以利益为先，当然是想着能够挣到更多的钱，但是正因为如此，才容易陷入别人的陷阱之中，因为对方把握住了你的想法，当你贪婪的时候，危险性就更高了，因为你自己会主动去犯错，会主动去贪小便宜，从而走上错路。所以即便是为了挣钱，也要把目光放得更为长远一些，也要考虑得更为全面一些，不能总是见钱眼开，不能被眼前的利益所诱惑，更不能贪婪，你想要得到的东西越多，最后犯下的错误往往也会越多，落入陷阱的概率也会越来越大。

勇于承认错误，不为面子活受罪

如果你承认自己犯错的时候，我相信你的同事、你的员工会对你表示尊重，因为人不怕犯错误，就怕不承认错误。

——马云

2001 年被称为“互联网的冬天”，很多互联网公司都陷入了困境和泥潭之中，在这一年的亚洲互联网大会上，马云面对着众多同行和媒体朋友，非常谦虚而真诚地说：“我特别惭愧这两年犯了无数个错误，但是我承认我就犯了那么多的错误。”这一番坦诚的自我批评赢得了台下一片掌声。

其实当时互联网的形势非常不明朗，但是很多企业却单方面认为这是大环境造成的，和自己的决策没有关系，和公司的运营方式没有直接关系，所以没有人愿意承认自己犯了错，也没有人主动站出来从自己方面找问题。而马云是第一个也是唯一一个承认自己犯下错误的人，他承认自己在某些方面走了弯路，下错了一步棋。这种表达显然为马云争取了很高的人气，因为大家都相信他不是一个逃避责任的人。

事实上，当互联网渡过寒冬时，马云领导下的阿里巴巴是少数能够存活下来的互联网公司之一，因为马云已经吸取了教训，已经将错误改正过来，而这就是他能够坚持到最后的一个重要原因。其实马云自认为是一个很坦率的人，每一年他都会提出一些高目标，很多人认为马云很狂，马云也不反对，他坚信自己可以完成目标。但是当别人问他如果完成不了时该怎么办，马云没有避讳什么，而是大方地说：“我错了，承认错误又不难为情。”

其实领导也是人，优秀的领导也会犯错，优秀的领导不在于他不会犯错，而在于他能够发现错误、承认错误并想办法改正错误。很多领导却害怕自己犯错，更害怕承认错误，原因就在于他害怕自己在员工面前失去尊严和面子，再就是害怕自己承担责任，他不想让别人知道自己应该对这件事负责。可事实上犯了错并不丢人，也没有人会对你说些什么，至少你的员工不会因为犯错这件事而对你有什么不好的看法。相反，如果一味逃避责任，掩饰自己的错误，反而会让员工对你失去信任和信心。

做人要主动去承认错误，并进行自我批评，很多人为了面子，死活都不认错，结果错误越来越大，反而造成更大的损害。每个人都应该担负起自己的责任，自己犯下的错，需要自己去承担，自己闯下的祸，需要自己去处理。每个人都应该主动为自己的错误负责，不要一出现问题就相互推诿，要么就尽力敷衍过去，回避问题、回避错误并不能真正转移和解决问题，反而会让问题变得更严重，你这一次可能逃避过去，那么下一次也许会犯下更大的错误。

作为一个领导者有时候碍于面子，可能会想办法掩饰自己的过错，或者当作没看见，或者干脆把责任推给别人，尽管在员工和客户面前保持了一个良好的形象，也维护了尊严和面子，但是不敢承认错误很可能会让自己吃更大的亏。有了错误，就要勇敢去面对，就要想办法去解决，相互推诿或者掩饰根本于事无补，最后只会越来越麻烦，越来越难以收场。

墨子在《亲士说》中说道：“君必有弗弗之臣，上必有咯咯之下，分议者延延，而支苟者咯咯，焉可以长生保国。”意思是一个国家的君主必须有敢于直谏的臣子，主上一定要有敢于争辩的臣下，议事的人能够提出不同意见反复争辩，劝诫的人可以据理直言，这样才能使国家长治久安。但是光有诤臣是不够的，好的领导还需要有好的觉悟，需要懂得放下架子主动承担错误，这样才能够确保自己的领导力，才能够真正保证团队的相互协作。

其实一个敢于承认错误的领导往往更具有魅力，员工们也愿意跟着他做事，因为这样的人为了团队的利益、为了企业的发展，能够放下个人的荣辱；因为这样的人敢于对自己的工作负责，是一个有担当的人，所以他在领导和管理员工的时候容易树立威望，他的决策和行为往往也更有说服力。

作为一个领导者，尊严、威信、面子往往很重要，个人的形象也很重要，但是这些东西并不是用自己的高位、用自己的权势来保障的，而应该依靠个人的魅力，依靠领导者的担当来表现出来。只有真正对工作负责，真正为所有的员工考虑，能够用自己的实际行动来俘获人心，那么员工才会尊重你，才会愿意服从你，所以有时候认错反而是拉拢人心的最好办法。

不要在乎别人说什么

不要在乎别人如何看你，要在乎自己如何看未来，看梦想，看世界！

——马云

有位短跑名将在比赛中获得了第六名，结果很多支持者和粉丝都表达了不满，就连教练组的人也都很生气。有些好事的记者对他进行采访，直接问道："跑出这么难看的成绩，你该如何面对支持你的观众呢？"这位短跑名将表现得很平静，他很有礼貌地说："我没有必要耿耿于怀这样的结果，也没有必要在乎别人的看法，因为我确实已经尽力了，我自认对得起所有的观众。"

有时候就是这样，你所做的事情总是不会让人满意，至少你所做的永远都不可能让所有人满意，既然这样为什么一定要迁就别人来活呢？做人要做自己想做的事情，要懂得贯彻和执行自己的想法，要懂得按照自己的意愿和原则去生活，因为路始终是你自己的，生活也属于你自己的，你不用太在意别人怎么想怎么看。只要做自己该做的，然后尽力去做，那么无论结果如何，都不必要太在意。

不过，很多时候，我们都活在别人的想法之中，总是太过在意别人的想法和感受，担心自己的做法难以让人接受，担心自己的做法会引起他人的反感，担心没有人会支持自己的想法。所想的一切所做的一切都是从别人的角度去看，都是以别人的想法和观点来作为自己行动的标准，可是事实上，没有人可以为你指定方向，而且别人的想法往往也很散乱，甲乙丙丁每个人都会对你有不同的期待，都会有不同的想法和要求，你不可能有办法去一一满足他们。

马云曾经和比尔·盖茨有过深刻的交谈，盖茨对马云说，这个世界上总是会有很多人在反对你，马云记下了这些话，后来他经常对别人说："30% 的人永远不可能相信你。"那么该如何去面对这 30% 的人呢？一方面就是要想办法统一他们的目标，让这部分人和自己站在同一阵线上。另一方面就是不闻不问，不要太在乎他们的想法，因为你永远不可能让所有人满意。

正因为马云坚持做自己，不轻易为他人改变自己，他才能一步步走向成功，马云常常说自己是孤独的，这就是明证。当年接触互联网的时候，绝大多数人都在反对，马云觉得有前途，所以就把其他人的想法抛在了脑后，一头扎了进去。创办阿里巴巴的时候，很多人对他说中国的电子商务没什么市场和前途，在网上不可能卖出东西，而且自己资金又不足，最好还是改行算了，马云没有听进去，还是按照自己的意愿行事。当淘宝网提出三年免费服务的时候，很多人都说马云很傻，这样做会将阿里巴巴拖垮的，马云没有在意，干脆把自己真的当个傻子一样坚决做下去，结果淘宝网很快就成为了业内最强的竞争者。

但丁说："走自己的路，让别人说去吧。"这个世界总是有人对你不满意，总是有人对你怀有偏见，总是有人要否定你。既然你没有办法将一碗水端平，那么就不要去端，不要太在意别人说了什么，别在意别人在想些什么。做人就需要潇洒一些，需要独立自主一些，要按照自己的想法去活，按照自己的思维去创造生活。

有人说企业家要耳听八方，但是要坚持一心。耳听八方就是四处听取别人的意见和建议，这是决策的需要，但是真正做决策的时候，还是要有主见，要按照自己的原则去做，如果你没有办法做到一心，没有办法按照自己的意愿行事，那么最后可能会纠结在各种建议中难以下定论，从而影响办事效率。其实创业者应该有主观意见和独裁的意愿，事事都听别人的，都看别人的脸色行事，那么就什么事也办不好了。尽管你选择的路子会出错，尽管你的想法最后没有得到任何结果，但是只要去做了，就没有什么值得后悔的，坚持自己的想法往往比结果更加重要。

图书在版编目（CIP）数据

我的人生信念：马云给年轻人的 12 堂人生励志课 / 王建编著 .

—南昌：江西人民出版社，2014.6

ISBN 978-7-210-05466-5

Ⅰ．①我…　Ⅱ．①王…　Ⅲ．①马云—人生哲学—通俗读物　Ⅳ．① B821-49

中国版本图书馆 CIP 数据核字（2014）第 091119 号

我的人生信念：马云给年轻人的 12 堂人生励志课

王建 / 编著

责任编辑 / 陈才艳

出版发行 / 江西人民出版社

印刷 / 廊坊市兰新雅彩印有限公司

版次 /2014 年 6 月第 1 版

2014 年 9 月第 2 次印刷

开本 /700 毫米 ×980 毫米　1/16　印张 /19

字数 /218 千字

ISBN 978-7-210-05466-5

定价 /39.80 元

赣版权登字 -01-2014-130